21世纪立体化高职高专规划教材·公共课系列

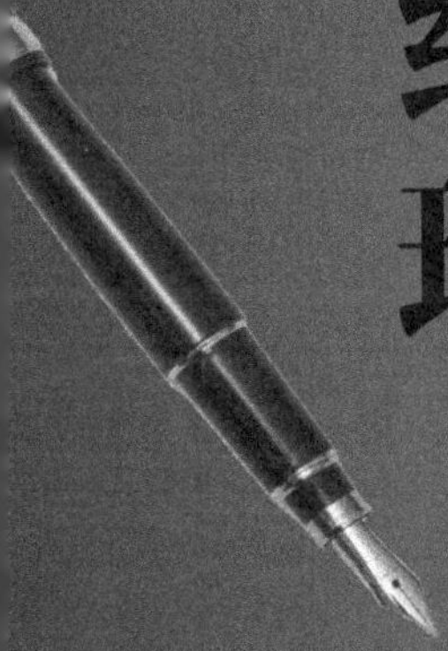

经济应用文写作理实一体化教程

（第2版）

杨　晶　主　编

谭　富　陈　静
袁　园　单小珂　副主编

電子工業出版社
Publishing House of Electronics Industry
北京·BEIJING

内容简介

本书是一本以“工学结合”为基本指导思想，根据目前经济领域应用文写作的具体实践，配合学校进行理论加实训一体化的课程改革而编写的新型教材，旨在对学生进行经济应用文写作基础技能、党政机关公文写作技能、日常文书写作技能、事务文书写作技能、商务文书写作技能和毕业论文写作技能的综合训练。本书从学生的角度出发，将文体进行任务分析，以“情景模拟”、“训练目标”、“知识要点”、“例文阅读”、“相关阅读”、“基础训练”、“拓展训练”和“综合训练”8个模块构成经济应用文写作理论加实训一体化教学过程的基本框架，语言简洁，案例丰富，实用性强。

本书既适合各类高等职业学院、高等专科学校、成人教育高等专科学校和本科院校的二级职业学院的学生使用，也适合相关岗位的职员作为参考。

图书在版编目（CIP）数据

经济应用文写作理实一体化教程 / 杨晶主编. -- 2 版. --北京：电子工业出版社，2015.2
21世纪立体化高职高专规划教材. 公共课系列
ISBN 978-7-121-25120-7

Ⅰ. ①经… Ⅱ. ①杨… Ⅲ. ①经济－应用文－写作－高等职业教育－教材 Ⅳ. ①H152.3

中国版本图书馆CIP数据核字（2014）第 294355 号

策划编辑：贾瑞敏 张思博
责任编辑：贾瑞敏 特约编辑：许振伍 苗丽敏
印 刷：北京虎彩文化传播有限公司
装 订：北京虎彩文化传播有限公司
出版发行：电子工业出版社
北京市海淀区万寿路173信箱 邮编 100036
开 本：787×1 092 1/16 印张：12.75 字数：326 千字
版 次：2010 年 2 月第 1 版
2015 年 2 月第 2 版
印 次：2020 年 8 月第 7 次印刷
定 价：29.00 元

凡所购买电子工业出版社图书有缺损问题，请向购买书店调换。若书店售缺，请与本社发行部联系，联系及邮购电话：（010）88254888，88258888。

质量投诉请发邮件至zlts@phei.com.cn，盗版侵权举报请发邮件至dbqq@phei.com.cn。

本书咨询联系方式：电话010-62017651；邮箱fservice@vip163.com；QQ427695338；微信DZFW18310186571。

Preface

第2版前言

本书自2010年出版以来，深受广大读者欢迎，已重印数次，累计发行量达几万册。《党政机关公文处理工作条例》和《党政机关公文格式》的颁布带来了公文写作的重大变革。为适应公文写作新的要求，全面提高本书的质量，我们对全书进行了一次修订。除了根据新的文件精神对公文部分内容进行修正、完善外，还增补了更为详细的写作指导，更新了一些例文与阅读材料，使之更为贴近读者实际，更为实用。关于本书的具体修订工作，特做以下说明。

1．基本保持原书的体系、结构不变。虽然增补了一些内容，但本书简明扼要、实用为先的编写风格并没有改变。

2．本书根据《党政机关公文处理工作条例》和《党政机关公文格式》，按照新的国家标准，对公文写作部分进行了全面的修改。

3．根据具体文种的学习需要，增补了更为详细的写作指导，并更换了部分例文与阅读材料，使读者在学习文种写作时，能更全面地把握技巧与要点。

本书由南通职业大学杨晶担任主编；由湖南理工职业技术学院谭富、袁园，吉林省职业鉴定中心陈静，江苏省徐州技师学院单小珂担任副主编。具体分工如下：第一、四、五单元由杨晶编写；第二单元由谭富编写；第三单元由单小珂编写；第六单元由袁园编写；附录由陈静编写。

本着对读者负责和精益求精的态度，我们对本书通篇进行了逐字逐句的推敲、研究，力求防止和消除一切瑕疵和错误。但是由于水平所限，书中难免还会出现疏漏和错误，敬请读者批评指正。同时借此机会，向使用本书的广大师生，向关心、鼓励和帮助我们的同行及专家表示衷心的感谢。

编　者

请注意：本书有配套的教学资源，为保证教学秩序，选用本教材的学校，请仔细阅读书后所附教学资源索取表；通过网站和书店零购的读者，请提供发票、购买地点等信息索取。

Preface 第1版前言

经济应用文写作是从事经济管理工作的人员必备的基本能力之一，经济应用文写作课也是经管类专业的学生必修的专业基础课。教育家叶圣陶曾说过：“大学毕业生不一定会写小说诗歌，但是一定要会写工作和生活中实用的文章，而且非写得既通顺又扎实不可。”由此可见，经济应用文写作是经济管理课程中的一门重要课程，而且是一门综合性、实践性极强的基础课和能力课。

本教材致力于对学生应用性经济文书规范书面表达能力的培养，旨在辅导学生通过写作知识点的学习和写作技能的训练，懂得经济应用文写作的基础理论，熟悉常用文种，并掌握常用经济应用文写作的结构模式及构思方法，提高写作经济应用文的基本能力。

作为一本为实施“工学结合”的教学改革而配套使用的新型教材，本书打破了传统教材的编写思路，以就业为导向，以工作任务为载体展开内容，理念、模式新颖，实用性强，适用面广。其主要特点如下。

1. 理实一体化

理论和实训紧密结合，通过理论教学中知识要点的学习和实训教学中系统化的训练，“学中做，做中学”，使学生能将所学知识运用到实际写作中，通过体验式学习促进其职业写作技能的提高。

2. 目标任务化

每一种文体都设有实际应用中的写作任务，作为学生学习过程中的任务目标，使学生在学习过程中有明确的应用目标，教师也有明确的考核依据。

3. 知识简明化

本教材舍去了大篇幅的详细文字，将文体写作知识要点条理化，并以简明扼要的形式呈现，使学生易学、易记、易查。简明的知识要点，配以相关的参照案例，对照学习，相得益彰。

4. 训练系统化

训练题根据文种由易到难设计，循序渐进。在训练题的设置上，充分考虑到学生实践经验的不足，或列举写作中易出现的病例，或设置较为详细的文体写作资料，让学生可分析病例进行修改，或根据提供的资料进行相关文体的写作，加强实训环节的可操作性。

本书由杨晶主编，孔繁侠、祁森宁副主编，具体分工为：第一、四、五章由杨晶编写；第二章由孔繁侠编写；第三、六章由祁森宁编写。其他参加本书编写的还有于翠萍、葛娟、詹颖、吴伟宁。参加本教材编写的教师都是高职院校的一线教师，对学生的学习需求有着亲身体验和深入了解。

本教材是各相关院校通力合作和集体智慧的结晶。虽然我们在《经济应用文写作理实一体化教程》的特色建设中做出了很多努力，但由于尚处探索阶段，加之水平有限，时间仓促，书中不足之处在所难免，恳请广大读者赐教。

编　者

目录

Contents

第一单元

经济应用文写作基础技能训练

情景模拟

这学期李玲要学经济应用文写作这门课了。已经工作的学长告诉她应用文写作在实际工作中的用处很大，因此李玲比较重视这门课。但是自己平日只喜欢看一些小说、散文之类的文学作品，对应用文一直不是很上心。她想知道经济应用文的写作和文学写作有什么不一样？在写作时要注意些什么？

训练目标

通过本单元的训练，重点掌握经济应用文的种类、特点及经济应用文的学习方法，掌握经济应用文的写作基础知识，为经济应用文写作实践奠定基础。

知识要点

1. 经济应用文的概念

经济应用文是机关、团体、企事业单位和个人在日常工作、学习、生活中，为办理经济事务而形成并使用的、具有实用价值和一定惯用文章体式的文字信息载体。

2. 经济应用文的特征

（1）实用性

实用性指经济应用文写作具有直接的目的性，这是经济应用文最根本的特性。

（2）真实性

真实性指经济应用文所写的内容必须真实具体，确凿有据。

（3）规范性

规范性指经济应用文必须文种规范，格式规范，行文规范，语言规范。

（4）简练性

简练性指经济应用文的语言力求简明扼要、准确得体。

（5）时效性

时效性指经济应用文的内容要讲究时效，同时发文、收文、处理也必须及时。

3. 学习经济应用文写作的方法

（1）多看

“用自己的眼睛去读世间这一部活书。”

——鲁迅

（2）多写

“纸上得来终觉浅，绝知此事要躬行。”

——［南宋］陆游

※仿写※这是写作中最直接的桥梁，是初写者的好方法。仿写的过程就是体验感悟的过程，就是写作能力提高的过程。

4. 经济应用文的构成

规范完整的经济应用文由主旨、材料、结构和语言四要素构成。

（1）主旨

主旨指文章内容反映的基本思想。主旨要客观、单一和明晰。

（2）材料

材料指表现文章主旨的事实或论据。积累材料的方式有直接积累和间接积累。选择材料的原则：切题、真实、典型、新颖。

（3）结构

结构指文章各个组成部分的搭配和排列，由外在结构和内在模式组成。外在结构上标题、主体、作者署名、成文日期等要素应各安其位；内在模式上开头、事项、结尾等要素要排列有序，过渡语词要使用恰当。

※过渡语词※一是由开头转入主体需要用过渡句，如通知开头部分常用“现将有关事项通知如下”来过渡；二是由总到分需要过渡，如汇报性工作报告，由总说到具体用“现将××情况报告如下”来承上启下。另外由正面转入反面，常用“但”来转折。

（4）语言

语言要准确、简明、平实、得体。

※三多三少※介词多修饰性的词语少；专用词多语气词少；文言词多口语少。

5. 经济应用文的写作过程

① 准备阶段。领会写作意图，确立文章观点，选择合适文种，收集丰富材料，选择表达方式。

② 写作阶段。拟出写作提纲，准确使用语言。

③ 修改阶段。

例文阅读

关于请求批准××市节约能源中心编制的函

×计函〔××××〕×号

××市编制委员会：

为了加强全市的能源管理，经研究并报请市政府同意，拟成立“××市节约能源中心”（简称节能中心）。节能中心的职能是：为市政府制定能源政策提出建议，进行行业管理，负责全市节能工作的指导、监督，节能的科研工作，节能技术推广等。节能中心是市发改委的直属事业单位，按照局级建制，设5个处室，需用人员52人（处室设置及人员配备见附表）。节能中心的人员调配由发改委解决。

请审查、批准。

附表一份。

××市发展和改革委员会（印）

××××年××月××日

例文评析：本篇较好地体现了经济应用文的基本特点。一是内容客观、真实、具体，确实是有事而发，是为了解决实际问题；二是程式性，如全文有规范的标题、发文字号、受文单位、正文、发文单位、发文日期，具有公文的格式；三是有明确的针对性，请求解决“节能中心编制”问题；四是语言有平实性，全篇语言通俗、准确、简洁、严谨。另外，本篇文种选用“函”也十分恰当，因为“市发展和改革委员会”与“市编制委员会”是平行单位。

相关阅读

在苏东坡任翰林学士知制诰期间，他拟了约有八百道圣旨，现在都收在他的全集中。这些圣旨无不铿锵有声，妥帖工巧，简练明确。圣旨的文字往往引经据史，富有例证譬喻。这类文字，苏东坡写来轻而易举。苏东坡去世后，另一个人，姓洪，接他的职位。他对自己的文才颇自期许，他问当年侍候苏东坡的老仆，他比苏东坡如何？老仆回答说：“苏东坡写得并不见得比大人美，不过他永远不用查书。”

——林语堂《苏东坡传》

基础训练

填空题（根据提示，在下画线上填入适合应用文语体风格的词语）

1. 省、市、地、州各有关部门批准授予记者职称的，应将专业干部确定与晋升业务职称申报表抄送省委宣传部和省人事厅__________。（提示：以备查考）

2. 该批机器设备，__________即可运抵你厂。（提示：不多天、不久）

3. 兹送去科技展览入场券80张，请__________。（提示：清点收下）

4. 国务院关于节约成品油的通知，兹已印发各地，你县是否收到，请速__________。（提示：了解后做答复）

5. 关于你县大量中药霉烂变质一事，应急__________原因，迅速上报。（提示：根据事故发生的经过进行调查）

6. 你局急需了解的情况，经多方__________已有线索。（提示：了解、询问）

7. 2013年度行政经费收支账目，业经__________，全部正确无误。（提示：清查核对）

8. 两县接壤地区的林权纠纷，经__________协商，仍未取得一致意见。（提示：再一次）

9. 由于洪水灾害的影响，我省远途铁路交通运输曾__________中断。（提示：一段时间）

10. 以上请示，__________，请批复。（提示：是不是恰当）

11. 当前，由于外来人口急剧增加，我市蔬菜供应十分紧张。为缓和蔬菜供求矛盾，__________在市郊增划部分蔬菜生产用地，以应急需，请批示。（提示：可不可以）

12. 你厂托运的机器部件已于10月8日运抵杭州，请速派人到艮山门货运站提取，特此__________。（提示：通过信件相告）

13. 我局拟于12月30日晚借用你礼堂召开迎新春联欢晚会，可否，请__________。（提示：通过信件答复）

14. 我市供水工程扩建计划，业经上级主管部门批准，明日起__________动工。（提示：立刻就可以）

15. __________今年财力紧张，体育场扩建项目拟待明年财政状况稍宽裕后再行安排。（提示：由于考虑到）

16. 关于去秦山核电站参观一事，已同该厂__________妥当。（提示：联系商量）

17. 你县在杭州设立办事处的有关事宜，请__________杭州市人民政府联系解决。（提示：直接同）

18. 此类问题应尽可能__________解决。（提示：在原地）

19. 经全体同志努力，大会筹备工作已经全部__________。（提示：已经安排好）

20. 我局__________下星期三召开大会进行动员。（提示：打算在）

21. 关于加强集市贸易管理问题，建议由工商行政管理部门__________具体办法，报经当地人民政府批准后执行。（提示：起草制定）

22. 该厂定购的首批机械设备，已__________运到。（提示：合乎预定的日期）

23. __________张海东同志不幸病逝，特去电致哀并向家属表示慰问。（提示：刚才听到）

24. 各级税务机关必须严格__________收税，对欠缴税款的，必须立即追缴。（提示：按照法律）

25. 违反物价纪律情节严重的，工商行政管理部门可以__________其停业整顿。（提示：用命令方式强制）

26. 兹定于9月8日下午2时，在会议室召开赈灾募捐动员会议，请__________参加。（提示：到时候）

27. 有关征地__________，请径与杭州市人民政府联系解决。（提示：事情的安排和处理）

28. 正确执行物价政策和广开就业门路等方面的问题，事关安定团结的大局，望认真研究解决__________。（提示：是重要的）

29. 业余文化学习班招收学员，以采用自愿报名方式__________。（提示：是适当的）

30. __________春耕大忙季节，各供应点应及时下乡做好供应工作。（提示：面对目前这）

31. 你局10月28日《关于举办档案管理培训班收费问题的函》（××发〔2014〕5号）__________，经研究答复如下……（提示：收到后知道了）

32. 经技术鉴定，此次大桥垮塌事故，__________施工质量低劣造成。（提示：的确是）

33. 汛期将近，各单位__________于4月底前做好防洪抢险准备工作。（提示：一定必须）

34. 该厂职工通过技术革新，提前一个月完成全年生产任务，特予通报表扬，__________鼓励。（提示：用来作为）

35. 要严格遵守财经纪律，任何人不得将公款__________。（提示：移作他用）

36. 这次大会，__________代表共1 230人。（提示：参加会议）

37. 从设计到施工，李工程师始终积极__________，做出了应有的贡献。（提示：参加进去共同工作）

38. 现将我局2013年第3季度财务分析报上，请__________。（提示：审查阅读）

39. 以上意见__________，请批转各地区、各部门贯彻执行。（提示：如果没有不妥当的地方）

40. 你公司钟表商店遭受抢劫并被纵火烧毁，流动资产损失2.5万元，经研究，同意以

“财产损失”__________。（提示：审核后销账）

41. 本年度的城建计划已经市政府__________（提示：审核后批准）

42. 经过讨论，双方消除了分歧，达成了__________。（提示：指双方或多方在某一问题上的共同认识）

43. 为了加强私房交易管理，维护买卖双方的__________，经市人民政府批准，特做以下暂行规定……（提示：合理合法的应该享受的不容侵犯的权利）

44. 为了筹集钱塘江第二座大桥公路桥的建桥资金，根据“以桥建桥”的原理，经请示上级同意，决定对钱塘江大桥过往机动车辆收取过桥费。__________有关事项通告如下……（提示：现在把）

45. 破坏新版人民币发行或借发新版人民币之机从中__________、扰乱金融市场者，均依法惩处。（提示：趁机会谋取不正当的利益）

46. 要按照税法办事，按照税则、税率征收，不准__________减免。（提示：离开职权范围自作主张）

47. 当前存在的主要问题是：一些部门和企业、事业单位的内部审计工作没有开展起来，有的按国务院规定应建立内审机构但__________建立，有的在机构改革中将内审工作削弱或取消。这些与国家要求加强审计监督的精神是不符的。（提示：还没有）

48. 该同志由于粗枝大叶，造成责任事故，__________严肃处理，但鉴于事故发生后，本人能认真检查，并能积极工作，立功补过，决定给予该同志记大过一次处分。（提示：本来应该）

49. 我商店新购进的一批香烟和副食品，因质次价高，严重__________，部分已发生霉变。（提示：销路不畅）

50. 公司编制__________15人。（提示：暂时打算）

拓展训练

一、填空题

1. 阅读下面的材料，完成练习。

（1）每段各用一句话概括段旨，填入段前括号中。

（2）用一句话概括三段话的主题，填入开头的括号中。

（　　　　　　　　　　　　　　　　　　　　　　　　　　　　）

（　　　　　　　　　　　　　　　　　　　　　　　　　　　　）

“建经济强市，创文化名城”，是省委、省政府对杭州工作的殷切期望，也是我市“十二五”发展的重要目标和全市人民的共同愿望。旅游业是关联度大、开放性强、对杭州经济社会全面发展具有重大带动作用的龙头产业。实施“旅游西进”战略，有助于推进经济结构调整和产业升级，增强杭州经济的综合实力和竞争力；有助于开发利用我市极为丰富的旅游资源，促进旅游业跨越式发展，进而带动一、二、三产业的全面繁荣；有助于挖掘历史文化内涵和丰富现代文化，推动文化产业发展和精神文明建设。

（　　　　　　　　　　　　　　　　　　　　　　　　　　　　　）

杭州东西部地区发展的不平衡性，是制约我市率先基本实现现代化的重要因素之一。实施“旅游西进”战略，有利于改善西部5个县（市）的交通、通信等基础设施状况，加快西部地区生产要素的流动和集聚，增强西部地区吸纳中心城市辐射的能力；有利于妥善处理大都市与大杭州的关系，形成东西部各具特色、优势互补、相互促进、联动发展的局面，促进区域经济协调发展。

（　　　　　　　　　　　　　　　　　　　　　　　　　　　　　）

建设现代化国际风景旅游城市，是杭州城市发展的目标定位。实施“旅游西进”战略，有利于整合和优化配置杭州的旅游资源，形成具有较大国际吸引力和知名度的旅游景区，确立和巩固杭州作为长江三角洲地区乃至全国旅游中心城市的地位；有利于推进城市基础设施和旅游服务设施建设，改善城市形象，提高城市信息化、现代化和国际化水平。

2. 请用正确的思路调整下列几段短文的表达次序。

（1）（　　　　　　　　　　　　　　　　　　　　　　　　　　　　）

① 根据资料分析，不少单位投资项目的计划批准数大大突破，都是由于主管领导贪大求全、大手大脚所造成的。

② ××厂××车间的技术问题改造项目，原批准投资总额250万元，现实际已使用360万元，尚未完全竣工。

③ 由此说明，××厂的有关领导应该认真吸取教训，树立勤俭办企业的思想，今后应坚持按计划办事。

（2）（　　　　　　　　　　　　　　　　　　　　　　　　　　　　）

① 经我们下厂调查，详细审核了该产品的原材料单耗，5月份与前4个月基本一致，单耗并未上升。

② ××造漆厂生产的聚乙烯醇缩醛胶，今年5月份原材料成本突然猛增22%。

③ 据此，我们认为该厂的材料成本核算不实，致使成本大幅度提高。

二、选择题

1. 根据文章的语言环境，在所列词中选出最合适的词。

（我局/我们）（经/经过）请示（领导/上级），定（在/于）（9月10日/九月十日）（开始/动手/动工）改建公路桥。改建期间，（这里/此地）（禁止/不准）（走路/通行），（所有/一切/凡）来往行人车辆，请（弯路/绕道）而（行/走），特此（通知/通告/通报/公布/布告）。

综合训练

案例：张丽大学毕业后，进入某著名公司经理办公室工作，经理准备培养她做办公室主任助理。但不久，经理却放弃了这个打算。这是因为张丽起草的一系列公文。年底，张丽起草了一份公司的年终工作总结，文章是这样开头的：

总 结

时间如白驹过隙，一转眼2014年将要过去了。在过去的一年中，我公司的经济效益犹如穿云燕子，飞向百尺竿头，比去年大幅度上升。公司上下兴高采烈，喜笑颜开，在新的一年到来之际，我们对去年的工作总结如下：

（略）

问题：

1. 这篇总结的开头部分应集中写什么？张丽的写法是否有不妥之处？为什么？
2. 这篇总结的开头部分应特别体现出应用文的哪些语体特征？

第二单元

党政机关公文写作技能训练

情景模拟

张华是学会计专业的，大学毕业后，经公务员考试被××县财政局录取，因为办公室秘书临时休假，办公室缺人，就让他临时帮忙起草公文。工作中张华发现公文的写作从外在格式到谋篇布局都很有讲究，非常容易出错。

任务一　党政机关公文基础技能

训练目标

通过本任务的训练，了解党政机关公文的含义、种类、范围，掌握党政机关公文的规范写法。

知识要点

1. 党政机关公文的概念

党政机关公文是党政机关实施领导、履行职能、处理公务的具有特定效力和规范体式的文书，是传达贯彻党和国家方针政策，公布法规和规章，指导、布置和商洽工作，请示和答复问题，报告、通报和交流情况等的重要工具。

2. 党政机关公文的特点

党政机关公文具有政治性、权威性、程式性、简明性的特点。

3. 党政机关公文的种类

《党政机关公文处理工作条例》规定了15种公文种类，包括决议、决定、命令、公报、公告、通告、意见、通知、通报、报告、请示、批复、议案、函、纪要。

4. 党政机关公文的分类

党政机关公文可分为上行文、下行文、平行文三种。

5. 公文的格式

（1）版头

① 份号。公文份数序号是将同一文稿印制若干份时每份公文的顺序编号，其目的是便于发文和查对。一般用6位阿拉伯数字，顶格编排在版心左上角第一行。涉密公文应当标注份号。

② 密级和保密期限。对于保密性强的公文应当在首页版心左上角第二行顶格标明秘密等级。秘密等级分为三等："绝密"、"机密"和"秘密"，顶格标注在左上角第二行。涉及国家秘密的公文应当同时标注秘密等级和保密期限，保密期限中的数字用阿拉伯数字标注，两者之间用"★"隔开。

③ 紧急程度。紧急公文分"特急"和"加急"两种，顶格标注在版心左上角。如需同时标注份号、密级和保密期限、紧急程度，按照份号、密级和保密期限、紧急程度的顺序自上而下分行排列。电报应当分别标注"特急"、"加急"、"急件"、"平急"，有的则在公文的标题中加以表示，如"××市关于严禁××××的紧急通知"。

④ 发文机关标志。发文机关标志由发文机关全称或规范化简称加"文件"二字组成；也可以使用发文机关全称或规范化简称。发文机关标志居中排布，颜色为红色，以醒目、美观、庄重为原则。联合行文，主办机关应排列在前，"文件"二字置于发文机关名称右侧，上下居中排布。

⑤ 发文字号。发文字号即发文机关单位的代号和文件的登记编号，又称发文号。发文字号由"机关代字"、"年份"、"发文序号"三部分组成。机关代字是发文机关的代称；年份是发文的年度，用阿拉伯数字全称，用六角括号"〔 〕"括入；发文序号是发文的顺序号，不编虚位（即1不编为01），不加"第"字。例如，"国办发〔2014〕2号"，其中"国办"即国务院办公厅的代称，"〔2014〕"指年份，"2号"指发文序号。上行文的发文字号居左空一字编排，与最后一个签发人姓名处在同一行。

发文字号置于发文机关标志之下空二行位置，居中排布（汇编成册的公文，其发文字号则通常位于标题的正下方或右下方）。有些公文一般不标明发文字号，如"命令"、"公告"等，而只标明序号。

⑥ 签发人。签发人是指在核准公文文稿后同意发文的机关单位负责人的签名，由"签发人"三字加全角冒号和签发人姓名组成，排列于发文字号的同行右端，居右空一字，编排在发文机关标志下空二行位置。

上行文应当注明签发人姓名，如有多个签发人，签发人姓名按照发文机关的排列顺序从左到右、自上而下依次均匀编排，一般每行排两个姓名，回行时与上一行第一个签发人姓名对齐。

（2）主体

① 标题。公文标题一般由发文机关名称、发文事由及文种三部分组成。例如，《国务院办公厅关于扶持家禽业发展的若干意见》，其中的“国务院办公厅”是发文机关名称，“关于扶持家禽业发展”是发文的事由，“意见”是文种。发文事由一般由介词“关于”引出，并准确简要地概括公文的内容。少数公文（如“令”、“公告”、“通告”等）的标题省略发文事由，如《中华人民共和国主席令》、《中华人民共和国财政部公告》等。

② 主送机关。主送机关又称受文机关，也称文件的“抬头”、“上款”，是指公文的受理机关，应使用全称或规范的简称、统称。上行文和非普发性的下行文一般只写一个主送机关。而普发性的下行文，如通知、通报等则可写若干个主送单位。主送机关的名称通常置于标题之下、正文之上，居左顶格写，最后一个机关名称后标全角冒号。命令及一些公布性的公文，如公告、通告等，一般不注明主送机关。

③ 正文。公文正文是公文的主要部分，叙述文件的内容，表达发文机关的意图。一般由3部分组成：一是发文缘由，即因何而发，或是强调目的，或是引用依据，或是说明原委，或是概述情况等。二是发文的事项，即公文主要解决什么问题，或是提出请求，或是提出建议，或是交代布置任务，或是直陈意见、要求，或是商洽有关事情等。三是结尾部分。不同文种有不同的结束用语。也有的公文直接在正文最后一段收结，不另写结束用语。

④ 附件说明。附件是随正文一起附送的文件材料，是整个公文的重要组成部分。附件有两种：一种是用于补充说明或证实正文的文件材料，包括一些图表、凭据及有关资料；另一种是随命令、通知等发布、批转或转发、印发的文件材料。公文如有附件，应当在正文之下（间隔一行，空两格）、成文日期之上标明附件的顺序和名称，或在正文相关处用括号注明“见附件”等字样。例如，正文标题中已标明所批转、转发、印发、发布的文件的，则在正文之下不加附件说明，文中也不用标注“见附件”等字样。

⑤ 发文机关。发文机关也称“落款”、“下款”，发文机关落款时应当使用机关全称、规范化简称。单一机关行文时，一般在成文日期之上，以成文日期为准居中编排发文机关署名。联合行文时，一般将各发文机关署名按照发文顺序整齐排列在相应位置。

⑥ 成文日期。成文日期是文件的生效日期。成文日期以领导人签发日期为准；会议通过的决定、决议等以会议通过日期为准；法规性文件则以文件批准日期为准；联合行文的，以最后签发机关领导人的签发日期为准。成文日期位于发文机关名称之下，右空四字编排，并应用阿拉伯数字书写，如“2014年4月1日”，月、日不编虚位。

⑦ 印章。公文上的印章是公文生效的一种标志。公文上的印章有两种：一种是发文机关的印章，亦称公章；另一种是机关负责人的印章，亦称签名章。发文机关印章用印应当端正、清晰，要做到骑年压月，上大下小。有特定发文机关标志的普发性公文和电报可以不加盖印章。

⑧ 附注。公文如有需要说明的其他事项，可用附注加以说明。位置一般在文件末成文日期之下，主题词之上，加括号注明。

⑨ 附件。附件应当另面编排，并在版记之前，与公文正文一起装订。“附件”二字及附件顺序号顶格编排在版心左上角第一行。附件标题居中编排在版心第三行。附件顺序号和附件标题应当与附件说明的表述一致。

（3）版记

版记是文件附加部分，对文件印发情况加以说明。

① 抄送机关。抄送机关是指除主送机关以外需要执行的或知晓公文的其他机关，应使用全称或规范的简称、统称，如向下级机关的重要行文，应同时抄送给主管上级。抄送机关一般只在于了解公文的内容而不负责答复和办理。抄送机关名称置于印发机关和印发日期之上一行、左右各空一字编排。

② 印发机关和印发日期。印发机关是指负责印发文件的机关，一般是发文机关的办公部门。例如，市政府的文件印发机关是市政府办公室。印发日期是指办公部门接稿后送印刷的时间。印发机关栏置于抄送栏下，印发机关左空一字，印发日期右空一字，用阿拉伯数字将年、月、日标全。

（4）页码

页码编排在公文版心下边缘之下，数字左右各放一条一字线；单页码居右空一字，双页码居左空一字。公文的附件与正文一起装订时，页码应当连续编排。

如图2.1所示为公文首页样式。

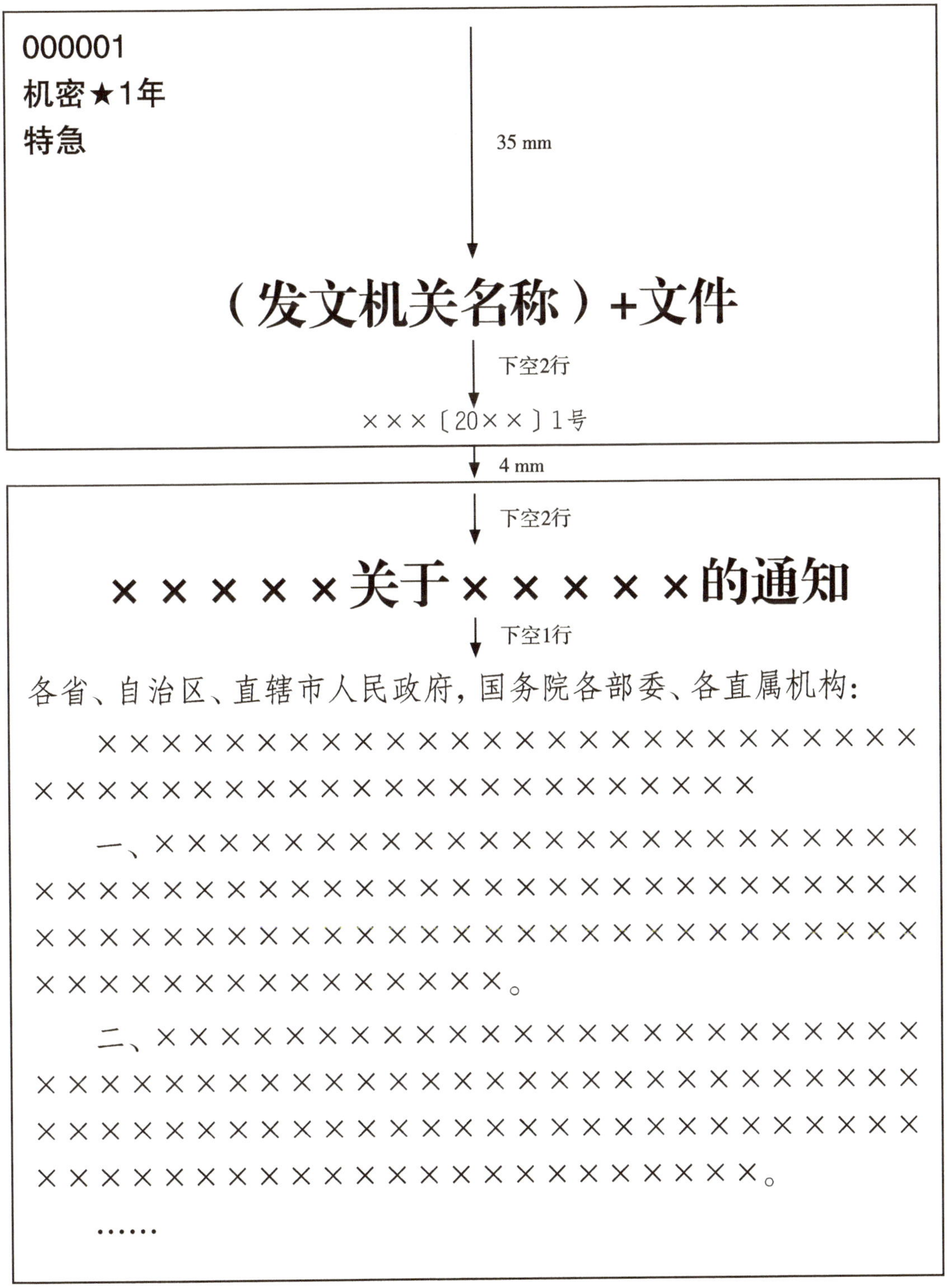
000001
机密★1年
特急
35 mm
（发文机关名称）+文件
下空2行
×××〔20××〕1号
4 mm
下空2行
×××××关于×××××的通知
下空1行
各省、自治区、直辖市人民政府，国务院各部委、各直属机构：
××××××××××××××××××××××××××
×××××××××××××××××××××××
一、××××××××××××××××××××××××
××××××××××××××××××××××××××××
××××××××××××××××××××××××××××
×××××××××××××××。
二、××××××××××××××××××××××××
××××××××××××××××××××××××××××
××××××××××××××××××××××××××××
×××××××××××××××××××××××。
……

图2.1　公文首页样式

如图2.2所示为公文末页样式。

×××××××××××××××××××××。

附件：1.××××××××××××××
　　　2.××××××××××××××

××××（盖章）
20××年×月×日

抄送：××××××，××××××，×××××××，
　　　×××××××，×××××××，×××××××

××××××××××××　20××年××月××日印发

图2.2　公文末页样式

6. 公文的写作要求

（1）一文一旨

一篇公文只表达一个主旨，提出和解决一个问题，沟通一个情况。

（2）观点明确

公文主旨表述态度明朗，观点明确。是则是，非则非，不可含糊不清。

（3）符合规范

① 符合国家的法律、法规和方针、政策及有关规定。

② 情况确实，观点明确，表达准确，结构严谨，条理清楚，直述不曲，字词规范，观点准确，篇幅力求短小。

③ 人名、地名、数字、引文准确。引用公文应当先引标题，后引发文字号。引用外文应当注明中文含义。日期应当写具体的年、月、日。

④ 结构层次序数，第一层为“一”，第二层为“（一）”，第三层为“1”，第四层为“（1）”。

⑤ 应当使用国家法定的计量单位。

⑥ 用词用字准确、规范。文内使用非规范的简称，应当先用全称并注明简称。使用国际组织外文名称或其缩写形式，应当在第一次出现时注明准确的中文译名。

⑦ 公文正文中的数字，除部分结构层次序数和在词、词组、惯用语、缩略语、具有修辞色彩语句中作为词素的数字必须使用汉字外，其余均应使用阿拉伯数字。

7. 党政机关公文常用词语

（1）领叙词

领叙词是用以引出公文撰写的根据、理由或公文的具体内容的词。领叙词在公文中出现的频率较高，一般借助领叙词使公文写得开宗明义。常用的有：根据、按照、为了、鉴于、接……、前接或近接……、遵照、敬悉、惊悉、……收悉、……查、为……特……、……现……如下。

领叙词多用于公文的开端，引出法律、法规、政策，以及指示的根据或事实根据，也有的用于文章中间，起前后过渡、衔接的作用。

（2）追叙词

追叙词是用以引出被追叙事实的词，公文中有时候需要简要追叙一下有关事件的办理过程，为使追叙的内容出现得自然，常常要使用一些追叙的词语，如业经、前经、均经、即经、复经、迭经。

在使用时，要注意上述词语在表述次数和时态方面的差异，以便有选择地使用。

（3）承转词

承转词又称过渡用语，即承接上文转入下文时使用的关联、过渡词语，用于陈述理由及事实之后引出作者的意见和方案等。这种词语不仅有利于文辞简明，而且起到前后照应的作用，常用的有：为此、据此、故此、鉴此、综上所述、总而言之、总之。

（4）祈请词

祁请词又称期请词、请示词，用于向受文者表示请求与希望。常用的有：希、即希、敬希、请、望、敬请、烦请、恳请、希望、要求。

使用祈请词的目的在于造成机关之间相互敬重、和谐与协作的气氛，从而建立正常的工作联系。

（5）商洽词

商洽词又称询问词，用于征询对方意见和反映，具有探询语气。常用的有：是否可行、妥否、当否、是否妥当、是否可以、是否同意、意见如何。

这类词语一般在公文中的上行文、平行文中使用，在使用时要注意确有实际的针对性，即在确需征询对方的意见时使用。

（6）称谓词

称谓词即表示称谓关系的词。在党政机关公文中，涉及机关或个人时，一般应直呼机关的全称或规范化简称，以及对方的职务或“××同志”“××先生”。在表述指代关系的称谓时，一般用下列专门用语。

第一人称：“本”、“我”，后面加上所代表的单位简称，如部、委、办、厅、司、局、厂、所等。

第二人称：“贵”、“你”，后面加上所代表的单位简称。一般用于平行文或涉外公文。

第三人称：“该”，在应用文中使用广泛，可用于指代人、单位或事物，如“该厂”、“该部”、“该同志”、“该产品”等。“该”字在公文中正确使用，可以使公文简明、语气庄重。

（7）受事词

受事词即向对方表达感激、感谢时使用的词语，如蒙、承蒙等。

受事词属于客套语，一般用于函或涉外的公文。

（8）命令词

命令词即表示命令或者告诫语气的词语。用以增强公文的严肃性与权威性，引起受文者的高度注意。

表示命令语气的语词有：着、着令、特命、责成、令其、着即。

表示告诫语气的词语有：切切、毋违、切实执行、不得有误、严格办理。

（9）目的词

目的词即直接交待行文目的的词语。人们撰写公文都有明确而具体的目的，要有针对性地使用简洁的词语加以表述，以便受文者正确理解并加速办理。

用于上行文、平行文的目的词，还要加上祈请词。常用的有：请批复、函复、批示、告知、批转、转发。

用于下行文的目的词有：查照办理、遵照办理、参照执行。

用于知照性的文件的目的词有：周知、知照、备案、审阅。

（10）表态词

表态词又称回复用语，即针对对方的请示、问函，表示明确意见时使用的词语。常用的有：应、应当、同意、不同意、准予备案、特此批准、请即试行、按照执行、可行、不可行、迅即办理。

在使用上述词语时应对公文中的下行文和平行文严加区别。

（11）结语词

结语词即置于正文最后，表示正文结束的词语。

用以结束上文的结语词有：此布、特此报告（通知、批复、函复、函告）、特予公布、此致、谨此、此令、此复。

再次明确行文的目的与要求的结语词有：……为要、……为盼、……是荷、……为荷。

表示敬意、谢意、希望的结语词有：敬礼、致以谢意、谨致谢忱。

使用这些词语，可以使公文表述简练、严谨并富有节奏感，富于庄重、严肃的色彩。

相关阅读

公文写作的大变革——解析《党政机关公文处理工作条例》

2012年4月6日，中共中央办公厅颁发了《中共中央办公厅 国务院办公厅关于印发〈党政机关公文处理工作条例〉的通知》（中办发〔2012〕14号），发布了《党政机关公文处理工作条例》（以下简称《条例》）。《条例》共8章，42条，综合了《国家行政机关公文处理办法》、《中国共产党机关公文处理条例》（以下分别简称《行政》、《党务》）的大多数条文，在《行政》、《党务》的基础上对公文的写作、处理过程进行了完善和统一。《条例》的发布，标志着党政公文合二为一，这是我国党政机关的一件大事，也是教育界、写作界的一件大事；这不仅是法定公文的权威性、严肃性在形式上的重要体现，也是公文处理手段逐步科学化的客观需要；对于促进党政机关办公的制度化、规范化、程序化建设和提高工作效率具有划时代的意义。因此，我们必须高度重视，认真学习，明确要求，为保证《条例》能够顺利实施做好全面的准备。为了尽快熟悉掌握《条例》内容，笔者把它与《行政》、《党务》做了对比，现将不同之处梳理如下，求教于同行。

一、公文的概念发生了变化

以前公文分为法定公文和非法定公文；法定公文又分为国家行政机关公文、中国共产党机关公文、人大机关公文、军队机关公文等。《条例》把行政机关公文和党的机关公文合称为党政机关公文，统一要求，统一格式，这就意味着原来的法定公文少了一种，使“法定公文”概念的外延缩小了。

二、公文的种类有增减

关于公文的种类，《行政》有命令（令）、决定、公告、通告、通知、通报、议案、报告、请示、批复、意见、函、公议纪要13种；《党务》有决议、决定、指示、意见、通知、通报、公报、报告、请示、批复、条例、规定、函、会议纪要14种；《条例》有决议、决定、命令（令）、公报、公告、通告、意见、通知、通报、报告、请示、批复、议案、函、纪要15种。《条例》比《行政》增加了决议、公报2种；比《党务》增加了命令（令）、公告、通告、议案4种，减少了指示、条例、规定3种。

三、公文的格式变化较大

从组成公文的要素来看，《行政》17个，《党务》16个，《条例》18个。《条例》比《行政》增加了署名、页码，减少了主题词；比《党务》增加了附件说明、附注、页码，减少了主题词。3份文件相比，不同之处主要有以下几点。

（一）发文机关标志

《条例》：“发文机关标志由发文机关全称或者规范化简称加‘文件’二字组成，也可以使用发文机关全称或者规范化简称。联合行文时，发文机关标志可以用联合发文机关名称，也可以单独用主办机关名称。” 《行政》：“发文机关标识应当使用发文机关全称或者规范化简称；联合行文，主办机关排列在前。”不同之处：一是“标识”，现称为“标志”；二是原来不加“文件”二字，现可以加，也可以不加；三是以前联合行文几个单位的名称都要排，把主办单位排在前面，现在可以单独使用主办机关名称。《党务》称发文机关标志为“版头”，“由发文机关全称或者规范化简称加‘文件’二字或者加括号标明文件组成”，“联合行文，版头可以用主办机关名称，也可以并用联署机关名称。在民族自治地方，发文机关名称可以并用自治民族的文字和汉字印制”，区别之处主要是不再使用括号标明文种。关于少数民族文字的使用，《条例》第十一条规定：“民族自治地方的公文，可以并用汉字和当地通用的少数民族文字”，包括公文的所有文字，不仅仅限于标题。

（二）标题

对标题内容的要求3份文件基本一致，只是《行政》规定：“公文标题中除法规、规章名称加书名号外，一般不用标点符号。”而《条例》、《党务》均无此要求。言下之意是以后党政公文的标题根据需要可以加标点符号。

（三）发文机关署名

《条例》："署发文机关全称或者规范化简称"；《党务》与此相同；《行政》对此没有规定，在实际行文中都不署名，只加盖公章。以后必须署名。

（四）印章

《条例》："有特定发文机关标志的普发性公文和电报可以不加盖印章。"《党务》："除会议纪要和印制的有特定版头的普发性公文外，公文应当加盖发文机关印章。"《行政》："除'会议纪要'和以电报形式发出的以外，应当加盖印章。"不同点主要是《条例》没有把会议纪要（《条例》称"纪要"）列入不需加盖公章的情形和文种，也就是说以后的纪要也需要加盖公章。

（五）主题词

《行政》、《党务》都规定公文要标注主题词，而《条例》第九条的公文要素中，没有把主题词列入，也就是说公文的主题词已经被取消，这是《条例》的最大亮点。主题词是办公自动化的产物，主要供制作公文索引和计算机检索文件之用，随着科技的进步，主题词已经失去了检索功能，完成了它的历史使命，退出了舞台。从此以后，我们不再为查阅大量的主题词而烦恼，也不再为主题词标注是否正确而担心。作为文秘人员，笔者也深受其累，曾在《应用写作》2011年第6期发表《话说公文的主题词》，认为公文的主题词已经是一种摆设，取消主题词既不影响公文的表达效果，更不会影响公文的执行力，反而可以减少公文的制作成本，减轻公文制作者的负担，提高公文的时效性。

（六）其他方面

原《党务》有印刷份数，《行政》没有，《条例》的公文要素中也没有印刷份数，而把《行政》、《党务》都没有提出的"页码"，作为公文的要素之一。

在用纸规格上，《行政》为A4；《党务》为16K，也可用A4；《条例》统一为A4。

四、行文规则有补充

《条例》第十五条第三款："下级机关的请示事项，如需以本机关名义向上级机关请示，应当提出倾向性意见后上报，不得原文转报上级机关。"《行政》、《党务》均无此要求。这一条款有利于提高公文的时效性，杜绝了不负责任的做法，使行文更加规范、有效。

五、收文办理程序更加完善

《条例》的收文办理程序中有"答复"条款："公文的办理结果应当及时答复来文单位，并根据需要告知相关单位。"《行政》、《党务》对此都没有专项规定。《条例》的这一条款，对提高公文的权威性、时效性将起到积极作用。

长期以来，由于党政公文要求不统一，公文用纸、格式要素、标志位置、字号大小、行文形式等有较大差异，导致公文格式混淆等问题十分突出；对地方党政机关公文处理、规范管理、文件传阅、立卷归档、文秘工作的开展及文秘人员培训等带来诸多不便；党政机关、部分联合行文到底采用哪种格式，往往难以协调，文秘人员在送审过程中经常需要多次更改格式，难以适从。为此，中共中央办公厅、国务院办公厅通过广泛调研，听取意见，达成共识，联合制定了《条例》，结束了党政公文在写作、处理过程中的混乱现象。《行政》、《党务》于2012年7月1日起停止执行，同时停止执行的应该还有《国家行政机关公文格式》、《中国共产党机关公文格式》，因为《条例》第十条规定："公文的格式按《党政机关公文格式》国家标准执行。"目前虽然尚未看到这个标准，但为了与《条例》同步实施，这个标准肯定会在近日出台。以后，党政机关要按照新的标准写作和处理公文，应用文写作教师要按新的要求进行教学，所有关于党政机关公文的教材将改版修订。这不能不说是公文写作的一次大变革。

资料来源： 娄性诚. 应用文写作［M］. 北京理工大学出版社, 2013.

基础训练

选择题（待选答案中至少有一个是正确的）

1. 不属于公文标题要素的一项是（　　　　）。
   A. 机关名称　B. 期限　C. 事由　D. 文种
2. 2012年颁布的《党政机关公文处理工作条例》中，法定公文的种类有（　　　　）。
   A. 15类　B. 12类　C. 14类　D. 11类
3. 按照行文关系和行文方向分类，公文可分为（　　　　）。
   A. 上行文　B.下行文　C. 平行文　D. 垂直文
4. 公文体式的要素构成有（　　　　）。
   A. 版头部分　B. 主体部分　C. 版记部分　D. 中间部分
5. 公文的发文字号的构成要素有（　　　　）。
   A. 机关代字　B. 年份　C. 发文序号　D. 发文机关名称
6. 公文要素"签发人"一般在（　　　　）使用。
   A. 下行文　B. 上行文　C. 平行文
7. 公文的秘密等级可分为（　　　　）。
   A. 绝密　B. 机密　C. 秘密　D. 普通
8. 公文标题构成的3个基本要素是（　　　　）。
   A. 发文机关名称　B. 发文事由　C. 文种　D. 时限
9. 文件的成文日期指（　　　　）。
   A. 文件印制的日期　B. 文件的拟稿日期
   C. 文件发出的日期　D. 领导人签署的日期
10. 公文发文字号书写正确的是（　　　　）。
   A. 国办字〔2014〕第1号　B. 国办字〔14〕01号
   C. 国办发〔2014〕1号　D. 国办发〔14〕1号

11. 在公文行文部分的公文标题中，（　　　　）是绝对不能够省略的。
A. 发文机关名称　　B. 公文主题即事由
C. 文种　　D. 收文机关名称

12. 主送机关可以不书写的公文有（　　　　）。
A. 请示、报告的上行公文
B. 上级领导发给下级的下行公文
C. 直接向社会公众发布的公文，如通告、公告等

13. 向不相隶属的机关发文，属于（　　　　）。
A. 上行文　　B. 平行文　　C. 下行文　　D. 上行文或平行文

14. 抄送机关指（　　　　）。
A. 收文机关　　B. 办理或答复收文的机关
C. 需要了解收文内容的机关　　D. 必须送达的机关

15. 引用公文应当（　　　　）。
A. 先引发文字号，后引文件标题　　B. 先引文件标题，后引发文字号
C. 仅引文件标题　　D. 仅引发文字号

16. 上报公文签发人的姓名应写在（　　　　）。
A. 发文稿“签发”栏右侧　　B. 公文落款处
C. 发文字号同行右侧　　D. 发文字号同行左侧

17. 盖印章时，应做到（　　　　）。
A. 上压正文，下不压成文日期　　B. 既压正文，又压成文日期
C. 上不压正文，下压成文日期　　D. 上不压正文，下不压成文日期

18. 发文字号中的“发文序号”（　　　　）。
A. 能编虚位，但不能加“第”字　　B. 不能编虚位，不能加“第”字
C. 不能编虚位，可以加“第”字　　D. 能编虚位，也能加“第”字

拓展训练

一、改错题

1. 请指出下列公文版头部分的错误。

份号：023 秘密：5年	平急
××市财政局、××市人事局 联合文件	
×人发〔20××〕15号	签发人：王×

2. 下列公文发文字号均不规范，请加以修改。

（1）市府字〔2012〕第37号文

（2）（12）市政发第6号

（3）市财字〔2013〕二十五号

（4）浙经院（2014）02号

（5）财农字〔14〕第11号

二、根据以下内容提示拟写公文标题

1. ××大学就××系学生×××擅离学校，违反学校纪律，给予警告处分一事发出文件，使全校师生周知。（通报）

2. 某县工业局为请求购置防暑设备的经费，特向该县财政局制发文件。（函）

3. 某省财政厅对本省农业厅申请批准拨款购置办公设备的来文制发复文，批准对方的请求。（复函）

4. 国家××局就当前农村基层土地管理人员队伍的现状和存在的问题向国务院行文汇报，并对如何进一步加强这支队伍的建设提出了具体的建议。（意见）

5. 标题：________________（通知）

各地、市卫生局，四所医学院及附属分院，厅直属有关单位：

为了贯彻《中共中央关于科技体制改革的决定》的精神和省委、省政府及卫生部关于贯彻《决定》的意见，结合我省医学科技工作的特点，进一步落实改革的意见，定于今年3月在××市召开全省卫生科技工作会议，现将会议有关事项通知如下：（略）

××省卫生厅

2014年3月5日

6. 标题：________________（请示）

××经管会：

根据计量管理及统计及要求，热量的法定计量单位为“焦”，为了使用上的规范并且使之能够真正反映热量值，建议计价时采用“百万千焦”作为蒸汽计价单位。

妥否，请批示。

××公司

××××年×月×日

综合训练

写作题

××××大学制定了评定优秀班级的实施方案，下发所属单位。请拟公文标题，并完整地给出这份公文版头、主体和版记的各项内容。（正文内容可省略）

任务二　通　知

训练目标

通过本任务的训练，掌握通知的规范写法。

知识要点

1. 通知的定义

通知是机关单位向特定的受文对象告知有关事项的晓谕性公文，适用于批转下级机关的公文，转发上级机关和不相隶属机关的公文；传达要求下级机关办理和需要有关单位周知的事项；任免人员。

2. 通知的特点

① 适用范围的广泛性。
② 文体功用的晓谕性。
③ 知照事项的时效性。

3. 通知的种类

（1）指示性通知

指示性通知用于向下级机关布置工作或对某事项做出具体规定，指示工作方法和工作步骤，如《中共中央办公厅、国务院办公厅关于严禁在公务活动中接受和赠送礼金、有价证券的通知》。

（2）批示性通知

批示性通知用于发布某些行政法规，转发上级、同级或不相隶属机关的公文，以及批转下级机关的公文。这类通知包括批转性通知、转发性通知和发布性通知三种。批转性通知适用于上级机关对下级机关的有关公文，如“报告”、“请示”等进行批示后，需再转发至有关单位遵照执行时，如《国务院批转中国人民银行关于加强金融机构监管工作意见的通知》；转发性通知适用于需将上级机关、同级机关和不相隶属机关的公文转至本机关和下属各单位遵照、执行的，如《上海市人民政府转发〈国务院关于在全国进行消费基金检查的通知〉的通知》；发布性通知主要用于发布有关规定、规则、制度、条例、办法等规章制度，以“颁布”、“发布”或“印发”通知的形式发给有关单位，如《大连市政府关于发布〈大连市律师管理办法〉的通知》。

（3）知照性通知

知照性通知用于通知所属单位或其他有关单位，需要其知道和了解的事项，如《国务院关于成立国家行政学院的通知》。

（4）会议通知

当召开比较重大的会议而不宜用电话或其他形式通知时，可用“通知”行文发至有关单位，告知会议的时间、地点、内容、注意事项等，如《上海市教育委员会关于召开普通高校毕业生就业工作会议的通知》。

（5）任免通知

任免通知用于告知有关单位或个人有关人事任免的通知，如《上海市人民政府办公厅关于×××、×××任职的通知》。

4. 通知的写法

（1）标题

通知的标题有完全式和省略式两种。完全式是发文机关、事由、文种齐全的标题；省略式则是根据需要省去除文种之外其中的一项或两项的标题。省略式标题有如下两种情况。

① 省略发文单位。如果通知的标题太长，可省略发文机关。例如，《关于县级市经济管理权限的通知》，这个标题便省略了发文单位。但如果是两个单位以上联合发文，发文机关一般不能省略。

② 省略发文事由中多余的字眼。例如，××县人民政府关于转发《××市人民政府关于转发〈××省人民政府关于转发人事部关于×××同志恢复名誉后享受××级待遇的通知〉的通知》，可把标题简化为《××县人民政府转发人事部关于×××同志恢复名誉后享受××级待遇的通知》，标题中被省略的关于省、地区等转发过的内容，只需在转发意见中交代清楚即可。

（2）正文

通知的正文包括缘由、事项、要求三部分。主体在事项部分。

① 指示性通知的写法。指示性通知的正文由三部分组成：第一部分开头，说明发此通知的目的；第二部分主体，即事项部分，将通知的具体内容一项一项列出，把布置的工作或需周知的事项阐述清楚；第三部分结尾，提出贯彻执行的要求，可用“请遵照执行”、“请认真贯彻执行”、“请研究贯彻”等习惯用语，或省略不写。

② 批示性通知的写法。批示性通知由批语部分和批转或转发文件两部分组成。批语的内容主要有三个方面：说明批转的目的或陈述转发的理由；对受文单位提出贯彻执行的具体要求；根据具体情况做出补充性的规定。

③ 知照性通知的写法。知照性通知的正文，只要写清楚行文的依据、目的和事项即可。

④ 会议通知的写法。会议通知依据其不同类型有不同的写法。

通过文件传递渠道发出的会议通知，一般应写明大会的主要议题、出席的人员、人数、起止时间、报到地点、应备资料文件、接待的方式、有关食宿的安排、缴纳的费用、联系人的姓名地址电话等，通常采用条文式写法，做到逻辑周密、语言清楚、表述准确，不致产生歧义。

供机关、单位内部张贴或广播的周知性会议通知，正文开头可不写受文对象，应在通知事项中说明会议时间、地点、内容、准备材料及出席人员等。语言力求简洁、明白。

⑤ 任免通知的写法。任免通知的写法比较简单，按任免依据写上任免人员即可。

5. 通知的写作要求

① 内容要有针对性。

② 事项要明确具体。

③ 措辞要准确得体。

例文阅读

例文一

国务院办公厅关于印发
《省级政府耕地保护责任目标考核办法》的通知

各省、自治区、直辖市人民政府，国务院各部委、各直属机构：

《省级政府耕地保护责任目标考核办法》已经国务院同意，现印发给你们，请遵照执行。

国务院办公厅（公章）
20××年10月28日

省级政府耕地保护责任目标考核办法

（略）

例文评析：这是一则发布性通知，本机关制定的需下级机关执行或知晓的规章制度和其他重要文件，用通知文件下发，此类通知的标题由发文机关、关于印发或被印发的文件名称、文种构成，标题下空一行是发文机关的下属机关。该通知的正文由“发文决定”和对主送机关“提出要求”两部分内容，“《省级政府耕地保护责任目标考核办法》已经国务院同意，现印发给你们”是发文决定，“请遵照执行”是对主送机关提出的执行要求。该通知落款后，附上被印发的文件名称和正文内容，与通知复体行文。

例文二

吉林省人民政府办公厅转发省环保局等部门《关于全省加速淘汰氟里昂和哈龙物质的工作方案》的通知

各市（州）、县（市）人民政府，省政府有关部门：

省环保局、省发展改革委、省工商局、省交通厅、省建设厅、省质监局、省公安厅、省商务厅、省经委《关于全省加速淘汰氟里昂和哈龙物质的工作方案》已经省政府同意，现转发给你们，请认真贯彻执行。

吉林省人民政府办公厅（公章）

20××年12月2日

关于全省加速淘汰氟里昂和哈龙物质的工作方案

（略）

例文评析：这是一则转发性通知，吉林省人民政府办公厅对下级单位“各市（州）、县（市）人民政府，省政府有关部门”发布需共同遵守、立即执行的《关于全省加速淘汰氟里昂和哈龙物质的工作方案》，适用于“通知”发文，由于吉林省环保局、省发展改革委、省工商局、省交通厅、省建设厅等与吉林省办公厅属平级或不相隶属机关，通知用于发放上级、同级和不相隶属机关的文件时，要在标题中注明“转发”二字。

转发通知的正文结构与发布通知相同，由发文缘由和执行要求两部分组成。该转发通知的正文前半句“……已经省政府同意”，是发文的缘由；后半句“现转发给你们，请认真贯彻执行”是执行要求。

被转发的《关于全省加速淘汰氟里昂和哈龙物质的工作方案》，与转发性通知属于同一个文件的两个部分，是复体行文，因此不必标示“附件”二字。

例文三

吉林省人民政府关于批转《吉林省行政审批制度改革工作实施方案》的通知

各市（州）、县（市）人民政府，省政府各厅委、各直属机构：

省政府行政审批制度改革工作领导小组办公室制定的《吉林省行政审批制度改革工作实施方案》已经省政府批准，现转发给你们，请认真贯彻执行。

吉林省人民政府（公章）

20××年11月6日

吉林省行政审批制度改革工作实施方案

（略）

例文评析： 这是一则批转性通知，与前两则通知不同的是，被转发的《吉林省行政审批制度改革工作实施方案》这一公文是由下级机关拟写的，需经上级机关批准再转发。该公文的正文内容与前两则通知的正文结构相同。

以上三则公文分别属于发布性、转发性和批转性通知，前者用于发布机关拟制的文件；中者用于转发上级、同级和不相隶属机关的文件；后者用于批转下级机关的文件。被转发的公文来源不同，通知标题的事由部分就有所区别，此类通知的正文结构基本相同，一般由“发文决定”和对主送机关“提出要求”两部分内容组成，行文简短、明了。被印发、转发、批转的文件均为复体行文。

例文四

北京市人民政府办公厅关于进一步完善交通基础设施工程征地程序有关问题的通知

各区、县人民政府，市政府各委、办、局，各市属机构：

为做好本市交通基础设施工程征地工作，切实保障被征地农村村民、农村集体经济组织和征地单位的合法权益，根据《土地管理法》及其实施条例和《国务院关于深化改革严格土地管理的决定》，结合《北京市建设征地补偿安置办法》（市政府令第148号）实施中的具体情况，经市政府同意，现将有关事项通知如下：

一、交通基础设施工程的征地工作，由所在地区县政府负责，并具体组织协调有关部门、征地单位、被征地农村村民和农村集体经济组织实施。

二、区县政府在对征地情况进行调查确认的基础上，依照国家和本市有关规定组织拟定建设用地呈报说明书、农用地转用方案、补充耕地方案、征收土地方案和供地方案，经听取被征地农村村民和农村集体经济组织对拟征地的用途、位置、补偿标准和安置途径的意见，报市国土资源局审核。

三、对符合规定的，市国土资源局按征收土地审批权限，逐级报请市政府或国务院批准。

四、在征收土地方案依法批准后，区县政府应当及时组织落实征地补偿和安置事宜。征地单位应当与被征地农村集体经济组织依据批准的征收土地方案签订征地补偿安置协议。

五、对补偿标准有争议的，由区县政府负责协调；协调不成的，由批准征收土地的人民政府裁决，但征地补偿安置争议不影响征收土地方案的实施。

各区县政府和各有关部门要加强协调，各司其职，各尽其责，共同做好征地补偿安置工作，保障本市交通基础设施工程征地工作的顺利进行，维护人民群众的根本利益，确保首都社会经济的可持续发展。

北京市人民政府办公厅（公章）
20××年11月1日

例文评析：此为北京市人民政府办公厅发出的一份指示性通知，属下行文。通知中的主送机关“各区、县人民政府，市政府各委、办、局，各市属机构”均是平行机构，同系统的机关名称用顿号隔开，不同系统的机构用逗号区分；通知的正文由缘由、通知事项和通知要求三部分组成，该通知的第一自然段“为做好本市交通基础设施工程征地工作，切实保障被征地农村村民、农村集体经济组织和征地单位的合法权益，根据……经市政府同意”，说明了发通知的目的和根据，并用“现就有关事项通知如下”过渡句引出通知的事项；该通知的事项分5个自然段表述，说明了怎么做好“交通基础设施工程的征地工作”，各部门的责任和具体工作规定等，该通知最后一个自然段“各区县政府和各有关部门要加强协调，各司其职，各尽其责……”是通知要求。该通知结构严谨，表意明确，政策性、可操作性都很强。

例文五

关于杨××免职的通知

省水利厅：

省政府20××年1月25日决定，免去杨××的省水利厅副厅长职务。

××省人民政府（公章）
20××年1月25日

例文评析：这是一份任免通知，任免通知的主送机关一般为被任免对象所在的机关；该任免通知的正文由两部分组成，“省政府20××年1月25日决定”是通知的缘由，“免去杨××的省水利厅副厅长职务”是通知的事项。

例文六

关于召开全省社会主义精神文明建设工作会议的通知

各市、县（区）党委和人民政府，省直属有关单位：

省委、省政府决定召开的广东省社会主义精神文明建设工作会议，现定于11月24日至26日在广州召开。现将有关事项通知如下。

一、会议的议题

总结交流在深化改革、扩大开放，发展社会主义市场经济条件下，加强精神文明建设，促进两个文明建设协调发展的新经验；表彰一批在精神文明建设中取得显著成绩的文明单位和文明标兵；研究在发展社会主义市场经济的新形势下，进一步加强社会主义精神文明建设的任务、对策和措施。

二、参加会议的人员

1. 各地级市4人。（具体人员略）

2. 各县（市、区）党委或政府主管精神文明建设工作的负责同志1人。

3. 省精神文明建设委员会成员。

4. 省直属有关单位负责同志，省直属文明单位代表和新闻记者。（名单附后）

三、请各市以地级市为单位，省直属机关以省委机关工委、省政府机关工委、省委高校工委、省军区、省农垦总局、民航中南管理局、广州铁路（集团）公司为单位，将参加会议同志的姓名、职务、性别于×月×日前用书面或电传送至省委办公厅第二秘书处。参加会议的同志请于11月23日到××宾馆××号楼报到。

四、各市可来一辆工作用车，其余自带车辆司机，食宿自理，大会不予安排。

五、需接车接机和需要购买回程车、机票的同志，请于×月×日在报名时一并告知，亦可电话告知省委办公厅行政处。

中共广东省委办公厅（公章）

广东省人民政府办公厅（公章）

20××年10月9日

例文评析：这是一篇联合发出的会议通知，正文第一自然段第一句是会议缘由，然后用过渡句“现将有关事项通知如下”，引出开会的目的和会议背景，并将会议内容、会议时间（会期）、会议地点、参加会议人员（资格、人数）、报到时间、报到地点、会务组（联系方式、电话）、与会要求、会议接待等一一加以说明。落款处加盖联合发文单位的公章。

基础训练

填空题

1. 通知的常见类型有________、________、________、________和________。

2. 通知的特点有________、________和________。

3. 下级转发上级来文为“________”，上级转发下级来文为“________”。

4. 《国务院关于成立国家行政学院的通知》属于________性通知。

拓展训练

改正或简化下列公文的标题

1. ××市人民政府办公厅转发××省人民政府办公厅《转发国务院办公厅〈关于贯彻执行国务院“关于解决企业社会负担过重的若干规定”中有关问题的通知〉的通知》的通知

2. 国务院转发国家医药管理局关于进一步治理整顿医药市场意见的通知

3. ××县人民政府关于印发××市人民政府〔2004〕7号文件的通知

4. ××省人民政府转发省劳动局、省人事局、省财政厅、省总工会《关于转发劳动部、人事部、财政部、国家总工会〈关于发给离退休人员生活补贴费的通知〉的通知》

5. 国务院办公厅转发国家旅游局关于进一步清理整顿旅行社意见的通知

6. ××厂关于转发××分厂关于建立安全岗位责任制经验总结的通知

7. 国家旅游局关于批转国务院《旅行社管理暂行条例》的通知

8. ××县人事局《会议通知》

综合训练

一、病例修改

1.

××股份有限公司
关于召开20××年度股东大会会议的通知

各位股东：

为贯彻执行《上市公司股东大会规范意见》和《公司章程》的有关规定，公司拟定于20××年5月30日（星期二）9时在公司311会议室召开20××年度股东大会会议，会议将就董事会、监事会提出的有关事项进行审议。

××股份有限公司

20××年××月××日

2.

××药业管理学院
关于××药业20××年人力资源经理、主管培训的通知

××药业各子公司人力资源部：

根据公司“二次创业”的战略规划及20××年培训计划，举办一期××药业人力资源经理及主管的专业培训，同时部署相关业务工作，请各子公司人力资源经理向子公司领导汇报请示，提前安排好工作，准时报到参加。

二、填空题

根据材料“××市人民政府，于2014年9月8日研究决定任命姚春同志为××市工业局长，免去其××市经委副主任职务”，请将下列内容填写完整。

关于__________任职的__________

××政字〔__________〕108号

××市工业局：

经××市人民政府研究决定：任命姚春为__________，免去__________。

____

________年__月__日

任务三 通 告

训练目标

通过本任务的训练，掌握通告的规范写法。

知识要点

1. 通告

通告适用于公布社会各有关方面应当遵守或者周知的事项。

2. 通告的类型

（1）知照性通告

知照性通知即告知应当知道或需要遵守事项的通告。

（2）办理性通告

办理性通知即办理一些例行事项的通告。

（3）行止性通告

行止性通知即公布一些令行禁止类事项的通告。

3. 通告的写法

通告由标题、正文、署名与日期三部分组成。

（1）标题

标题的写法有4种。

① 发文机关+事由+文种，如《××大学关于实行“滞纳金”收取制度的通告》。

② 发文机关+文种，如《中国农业银行东莞分行、东莞信用社通告》等。

③ 事由+文种，如《关于税收财务大检查实行持证检查的通告》等。

④ 只写文种“通告”。

（2）正文

通告的正文包括缘由、事项、结尾三部分。

① 缘由是发布通告的原因、根据，回答为什么发此通告。

② 事项即通告的具体事项或规定。

③ 结尾一般写“特此通告”之类的结语，以示强调，有些通告不用结语。

（3）署名与日期

4. 通告的写作要求

① 目的明确。

② 符合法规政策。

③ 发布及时。

④ 行文清晰。

例文阅读

国家税务局关于商业零售企业开具增值税专用发票的通告

为了加强对增值税专用发票（以下简称专用发票）的管理，确保国家税收收入，现对商业零售企业销售商品向购买方开具专用发票的问题规定如下。

一、已认定为增值税一般纳税人的商业零售企业，可以开具专用发票。但企业必须指定专人负责保管和开具专用发票。

二、商业零售企业只能向购货方为一般纳税人的单位开具专用发票，索取专用发票的购货方必须持盖有一般纳税人戳记的税务登记证（副本），未提供证件的，商业零售企业一律不得开具专用发票。

三、商业零售企业开具专用发票时，必须按国家税务总局的有关规定将全部联次一次性如实填开。

四、商业零售企业开具普通发票中的单价和销售价，必须是含税价格，不能将价税分别填开。

五、违反以上规定的，税务机关一经查出，可依《中华人民共和国发票管理办法》的有关规定责令限期改正，没收非法所得，并可处以3 000元以上，10 000元以下的罚款。

特此通告。

国家税务局（公章）

××××年3月16日

例文评析：这是一则行止性通告。这类通告具有政策性、规定性，有要求遵守执行的约束力。这份通告正文第一段写行文的目的，过渡句之后分条列项写了五条具体规定。多条规定的排列具有一定的逻辑关系，条理清楚，规定明确、具体。过渡句改为“现将对商业零售企业销售商品向购买方开具专用发票的规定，通告如下”更好。

基础训练

简答题

1. 通告的类型有哪些？
2. 写作通告要注意什么问题？

拓展训练

病例修改

××市委市政府信访办公室通告

20××年7月5日

现将20××年下半年市、区领导和市直、驻××有关部门领导定期接待群众来访的时间、地点和方式列表公布如下。

综合训练

请根据下列材料拟写一份通告

××市××交流会定于××××年×月×日在文化公园举办。这个会是经过市人民政府批准的，并指示要保证商品展区畅通和群众安全，要求公安局尽快制发一份通告。事项中提出交流会期间，××线路禁止车辆通行，特殊情况经允许的除外，规定每天上午9时至下午5时禁止车辆运行，下午5时至次日9时非机动车可以通行。

要求：

① 符合通告的拟写格式。

② 用词准确，条理清楚。

③ 正确使用标点符号。

任务四　通　报

训练目标

通过本任务的训练，掌握通报的规范写法。

知识要点

1. 通报

通报适用于表彰先进，批评错误，传达重要精神或者情况。

2. 通报的种类

（1）表彰通报

表彰通报用于在一定范围内表扬好人好事。

（2）批评通报

批评通报用于在一定范围内批评错误，纠正不良倾向。

（3）情况通报

情况通报多用于向有关方面知照应该掌握和了解的信息、动态，以供工作参考。

3. 通报的特点

① 内容的真实性。
② 目的的晓谕性。

4. 通报的作用

① 嘉奖和告诫的作用。
② 交流作用。

5. 通报的写法

（1）标题

通报的标题通常由发文机关、事由和文种三个要素构成，有时可省略发文机关和事由，只写“通报”二字。但比较重要的通报则不能省略。

通报的签署和时间可以放在标题下方，这样则不再落款；通报也可以有抬头、落款，时间则写在发文机关下面。

（2）正文

① 表彰通报正文的一般写法。

- 叙述先进事迹，包括时间、地点、人物、事迹、怎么做及结果。
- 对上述事件进行分析、评议，指出其典型意义，或概括其主要经验。语言要简明概括。
- 提出表彰或发出号召。如果是转发式的表彰通报，正文部分先对下级机关所发的材料进行评价，加上批语，即对被表彰者进行评议，再发出号召或提出要求。

② 批评通报正文的一般写法。

- 通报缘由：即将事故或错误事实的经过情况、时间、地点、后果等交代清楚。
- 对事故进行分析评议，重点分析事故发生的原因，指出事故的性质及其危害，并提出处分决定。
- 写明防止此类事故的措施。要对症下药，提出告诫，或重申某一方面的纪律。

③ 情况通报的一般写法。

写好情况通报的正文，基于对情况掌握的确实、全面和充分。它的正文包括：叙述情况；分析情况，阐明意义；提出指导性意见。

6. 通报的写作要求

（1）注重时效性

发通报要抓住时机，错过了时机的通报，就失去了时效，没有行文的意义。

（2）注意指导性

通报要有普遍的指导意义，就应选择典型。只有选准、选好典型，通报才能起到激励教育、推动工作和批评警戒的作用。

（3）注意真实性

通报中所涉及的事例必须是客观存在的，经过反复调查认为是真实可靠，绝不允许捏造和虚拟。同时，事例的反映要准确，不能夸大或缩小，要实事求是。通报在结尾提出的希望和号召也必须切合实际，有一定的针对性，使读者能够接受或受到启示。

例文阅读

例文一

关于对××市环保局圆满完成“12.23”井喷事故环境应急救援工作予以表彰的通报

各省、自治区、直辖市环境保护局（厅），各直属单位，各派出机构：

20××年12月23日晚22时15分，××气矿所属钻井队位于××市××县××镇××村的“罗家16H”气井发生井喷，所含高浓度硫化氢气体迅速扩散，导致附近高桥镇、麻柳乡、正坝镇、天和乡4个乡镇被毒气污染，受灾群众6万余人，死亡234人。

事故发生后，××市环保局紧急行动，组织市、县监测人员赶赴现场开展应急监测，确定污染区域，及时获取了井喷后关键的监测数据。并按照国务院及总局的部署，在12月27日11时压井完成后，又组织6个环境应急监测小组进入警戒区，连续48小时对区内的水体和大气环境质量进行监测，获取大量的数据，为灾民及时返乡提供了科学决策依据，得到了广大群众和事故救援指挥部的好评。

在××气矿“12.23”井喷事故处理过程中，××市环保局反应迅速，其所属部门和单位能召之即来，来之能战；做到了上下协调、行动迅速、运转高效，为事故的有效处理、处置发挥了重要作用，圆满完成了国务院和总局交给的任务。××市环保部门的广大干部职工，在这次应急事故救援工作中的突出表现，充分体现了执政为民的政治责任感，反映了环保队伍特别能吃苦、特别能战斗的行业作风。

总局决定，对圆满完成“12.23”井喷事故环境应急救援工作的××市环保局予以通报表彰，并希望各级环保部门和单位，在深入贯彻“三个代表”重要思想的活动中，认真学习他们这种勇挑重担、顽强拼搏的精神，积极进取，努力工作，把环境保护事业不断推向前进。

国家环境保护局（公章）

20××年1月2日

例文评析：这是一份表彰通报。正文先对所表彰的人员的主要事实作简要介绍，然后对所述事件进行分析、评议，指出其典型意义，最后提出表彰并发出号召。通报内容典型，材料真实，表达方式叙议结合，是比较典型的表彰通报写法。

例文二

××省人民政府关于××市××县
擅自停课组织中小学生参加迎送活动的通报

20××年12月5日，××市××县举行××高速公路在本县通车仪式，××县主要领导擅自决定，让本县部分中、小学校停课参加通车仪式，近千名中小学生在风雪天等候长达两小时，致使部分中小学生生病，学生家长和群众极为愤慨，致信省委、省政府要求坚决制止此类现象。

中、小学校依照国家规定建立了严格的教育教学秩序，这是教育教学质量的保证，任何单位和个人都不能随意破坏。现在一些地方的个别领导利用手中职权，动辄调用中小学生为各种会议、考察、参观、访问甚至商业性典礼搞迎送或礼仪活动，有些地方还因此发生了严重的安全事故，造成极其恶劣的社会影响。××县发生的问题，已不只是一般的形式主义，而是官僚主议，严重脱离群众，此类不良风气必须坚决予以制止。各地区、各部门以及各级领导干部，要高度重视这一问题并从中吸取教训，切实增强群众观念，杜绝此类事件再度发生。

中小学生是祖国的未来，他们的学习和活动安排，要有利于他们的学习和身心健康。今后各地区、各部门都必须严格执行国家的有关规定，不得擅自停课或随意组织中小学生参加各种迎送或利益活动，如确有必要组织的，须经省级教育行政部门批准。

××省人民政府

20××年12月20日

例文评析：这是一份批评性通知。正文先对错误事实做了简要介绍，然后对所述事件进行分析、评议，指出事故的性质及其危害，最后提出告诫、重申纪律。通报内容典型，材料真实，表达方式叙议结合，是比较典型的批评性通报写法。

例文三

××省财政厅关于检查侵占截留省级收入情况的通报

各市财政局：

今年上半年，省厅组织对侵占截留省级收入问题进行了一次检查。现将检查情况及有关问题通报如下。

这次检查侵占截留省级收入工作分单位自查和重点检查两个阶段。共查出侵占截留省级收入金额4 477万元（不含各地自查中自动调入省库金额）。通过重点检查发现，大部分市、县（市）对省级收入的征管工作是重视的，征收机关为了确保省级收入任务的完成，采取了不少措施，做出了很大努力，特别是一些财力十分困难的县（市），从全局出发，做到了对省级收入不截留，及时足额入库。对省厅部署的自查工作，大部分市、县（市）十分重视，一些县（市）政府的主要领导亲自主持召开会议研究安排，财税部门积极行动，克服困难，认真自查，对自查出的问题，及时采取措施纠正。

在肯定省级收入征管和自查取得一定成效的同时，我们发现在这方面还存在不少问题。一是一些地方政府从本地局部利益出发，干扰征管部门的工作，造成大量省级收入被截留，严重影响省级收入的完成；二是一些征管部门从部门利益考虑，加上征收任务指标偏低，以完成任务为目的，没有做到应收尽收，使部分税款滞留在纳税单位，或征管部门将征收税款存放在部门，搞所谓的“以丰补歉”；三是一些征管部门变相提高提留比例或擅自从税款中提取相关费用，减少了省级收入；四是由于省级收入税源底数不清，一些本应上缴省级的收入，仍然作为市、县（市）收入，造成省级收入流失；五是个别地方的征管部门和金库，由于人员业务素质低，出现技术性差错，造成混库现象；六是有些地方自查不认真，甚至变成了走过场。

对上述问题，省厅将根据《中华人民共和国预算法》、国务院《关于违反财政法规处罚的暂行规定》和我厅×财监字〔1999〕6号文件的有关规定，结合实际情况，对有关单位做出经济处罚，建议有关部门对有关责任人做出行政处理。

省级财政收入是省委、省政府实施全省社会经济发展战略，维护社会稳定，实现宏观调控目标和推进“两个转变”的物质基础。为了保证省级收入及时足额入库，根据上半年自查和重点检查存在的问题，现就加强省级收入的征管工作提出以下几点意见。

一、切实做好省级收入的收缴入库工作。（略）

二、加大对省级收入的监管力度。（略）

三、从严、从重、从快查处侵占截留省级收入的行为。（略）

四、各市、县（市）财政局和地方税务局要密切配合，通力协作，严格执行有关规定，切实把省级收入入库工作做好，保证及时足额地交入省级金库。

××省财政厅（公章）
20××年8月26日

例文评析：这是一篇情况通报。具体通报内容一分为二，重点是存在的有关问题和今后开展工作的意见，目的在于指导今后的工作。

基础训练

填空题

1. 通报的类型有__________、__________和__________。
2. 通报的特点有__________和__________。
3. 通报的写作要求有__________、__________和__________。

拓展训练

病例修改

关于对××营业部新股配售责任事故进行处理的通报

各营业部：

3月18日，××营业部在进行按市值配售××新股委托申报时，电脑值班人员未按上海证交所规定的交易程序进行操作，造成营业部当日1 648笔12 216 000股新股委托数据未能在交易时间内发往上海证交所主机系统，给公司的声誉和形象造成极为不良的影响。

为严肃纪律，引起警示，杜绝因责任心不强、工作疏忽造成事故的现象，保证营业部证券交易的正常进行，经公司研究决定，对上述事件做出如下处理。

一、对××营业部进行通报批评。

二、扣发××营业部副总经理×××一个月的效益工资。

三、责成××营业部对该营业部有关电脑人员提出处理意见报批。

特此通报。

××××年××月××日

综合训练

下面是一篇报道，请把它改写成一份通报。

本报讯“我们这儿的保安真好！歹徒贿赂他5 000元，他不要，结果，被歹徒捅了一刀，最后他还是把歹徒抓住了。”昨天，一位姓蒋的女士向本报新闻热线反映，记者迅速前往采访。

记者见到胡永伟时，他已在宿舍休息。他笑着对记者说，没什么大碍，只是伤口痛得腰直不起来。胡永伟是杭州施家花园保安队的领班。据他讲，昨天凌晨3时多，正在蹲点值班的胡永伟看见一个瘦小男子慌兮兮地夹着一个黑色皮包朝东门走去，便上前盘问，这名男子于是夺门而逃。胡永伟追了上去。

歹徒见保安追了上来，就对胡永伟说：“给你5 000元钱，放了我吧。”胡永伟没有答应。追到和平小区门口时，歹徒拔出一把刀，对着和平小区的保安威胁说：“别过来，不关你们的事。过来，就捅死你！”胡永伟一步一步逼近他，正言道：“有胆，你就捅死我！”歹徒举起刀朝胡的胸口捅了过来。胡永伟闪躲不及，被戳了一刀，血一下子就染红了衬衣。胡永伟忍住疼痛，继续追赶。歹徒上前与胡搏斗，胡因伤口疼痛，不慎被歹徒挣脱。歹徒朝胡同外面逃去，胡紧追不舍。在文晖路与东新路口，歹徒筋疲力尽，束手就擒。

事后，胡永伟所在的野风物业公司奖励胡永伟1 000元，同时在公司内发出向胡永伟学习的倡议。

任务五　报　告

训练目标

通过本任务的训练，掌握报告的规范写法。

知识要点

1. 报告

报告适用于向上级机关汇报工作，反映情况，答复上级机关的询问。

2. 报告的特点

（1）内容的实践性

报告的写作要以实践为依据。

（2）表述的概括性

报告的叙述和说明是概括性的，只作粗线条的勾勒，不必详述过程。

（3）选材的灵活性

报告选材的自由度大，可根据实践选择题材。但是答复报告必须按上级的要求实事求是地写。

3. 报告的类型

（1）工作报告

工作报告即向上级机关汇报工作的报告。

（2）情况报告

情况报告即向上级机关反映情况的报告。

（3）建议报告

建议报告即向上级机关提出工作建议、措施的报告。其中呈报性建议报告的政策性较强。

（4）答复报告

答复报告即答复上级查询事项的报告。

4. 报告的写法

报告的结构包括标题、主送机关、正文、落款四部分。

报告的正文一般包括缘由、事项和结尾三部分。

（1）标题

报告的标题可根据需要省略发文机关，事由和文种不能省略。

（2）各类报告正文的写作要点

① 工作报告。工作报告正文内容一般包括基本情况、主要成绩、经验体会、存在问题、基本教训、今后意见等几部分。这类报告较其他类型报告长，应恰当安排其层次结构，可标出序数分条分项陈述，也可列小标题分部分或分问题写。

工作报告反映的是经常性的常规工作情况，内容相对确定，写法基本稳定。

② 情况报告。情况报告常用于向上级汇报事项。内容集中单一，突出重点；情况问题要描述清楚；处理意见和建议明确具体；文章结构脉络清楚，层次分明；报告要及时。

情况报告汇报的是偶发性特殊情况，内容因事而异，写法灵活多样，重要叙述说明有关情况。

③ 建议报告。建议报告正文分为情况分析和意见措施两部分。情况分析部分简明扼要，其后常以“特提出如下意见（或建议）”、“拟采取如下措施”等语领起下文。意见措施部分在前一部分的基础上切合实际地提出做好某项工作的意见措施，采用条文式的写法，要求脉络清楚、逻辑严谨、主次分明。

有些建议报告需上级机关批转。有些则只对上级机关的某项工作、某一征求意见的文稿等提出看法、建议，不需要上级表态或批转。

④ 答复报告。答复报告的内容要体现针对性，有问必答，答其所问，以示负责。表述要明确具体，语言要准确得体。正文包括答复依据和答复事项两部分内容。答复依据指上级要求回答的问题，要写得简要；答复事项指针对所提问题答复的意见或处理结果，要写得周全。

（3）报告的结尾

一般报告的结尾都有提出要求的习惯用语，根据报告的不同内容使用不同的习惯用语。除呈转性建议报告常以“如无不妥，请批转有关单位执行”的请求式用语结束外，其他各类报告常以“特此报告”、“专此报告”、“请审阅”、“请批示”等用语作为结尾。

5. 报告的写作要求

① 立意要新。

② 内容要真实、具体。

② 重点突出。

④ 观点明确，态度鲜明。

⑤ 报告中不能夹带请示事项。

例文阅读

关于我省清理整顿公司工作的报告

国务院：

我省自××××年10月清理整顿公司以来，坚持既坚决又稳妥的方针，抓紧清理整顿方案的拟定和实施，积极查处了公司违法违纪案件，努力加强公司的建设和管理，基本完成了党中央、国务院赋予我们的任务，达到了预期的目的，现将该项工作情况报告如下。

一、撤并了一批流通领域的公司，解决了公司过多过滥的问题。（略）

二、查处了公司违法违纪案件，整顿了公司的经营秩序。（略）

三、认真做好撤并公司的各项善后工作。（略）

四、加强了公司管理和法规、制度建设。（略）

××省人民政府（公章）

××××年××月××日

例文评析：这是一篇工作报告，原文2 000多字，例文为节选稿。正文开头概括介绍了清理整顿公司的基本做法和效果，文种承启用语之后，分四个方面，全面报告了清理整顿公司的工作情况。

基础训练

填空题

1. 报告的主要类型有________、________、________和________。

2. 报告的特点有________、________和________。

拓展训练

病例修改

关于××公安分局破获一起伪造、印刷、贩卖客运票据重大团伙案件情况的报告

我局根据××市政府领导的批示认真组织××公安分局等有关单位，对非法使用伪造小公共汽车票据一案进行了侦破。8月26日到9月3日，××公安分局民警根据线索，经过8个昼夜的艰苦工作，终于查清了这起我市近年来罕见的团伙伪造、印刷、贩卖客运票据案件。

初步查证，这起案件涉及我市、××县和××省××市数十人，现已上缴伪造的客运票据（包括小公汽、出租车、长途客车票据和旅店发票）价值60多万元，赃款、赃物折合人民币4万余元，已抓获犯罪嫌疑人8人，目前正在进一步深挖和审理中。

这起案件的侦破，对于推动当前我市交通运输市场的整顿，打击扰乱市场秩序的非法行为具有重要的意义。为此，我们的意见是：

一、案情查清后，对案犯从快从重公开进行处理，以巩固交通运输市场整顿的大好形势，震慑扰乱客运秩序的不法分子。

二、建议由新闻单位对此案的侦破进行广泛宣传。

三、对公安分局有关单位和人员记功授奖。

特此报告。

××市公安局（公章）

××××年××月××日

综合训练

请根据以下材料以××进出口公司××市分公司的名义，写一份给总公司的答复报告。

××进出口公司××市分公司接到总公司10月20日来函："接M国某客户来电，称由'山东'轮装运的××号大米有××吨发现有虫害，该客户已提出索赔要求。查该批大米系××口岸配装，希立即查明大米出仓前熏杀虫害及装船情况，并及时上报总公司。"

××进出口分公司接到总公司函后立刻进行了调查，基本情况如下。

① 出运前，于5月15日至25日在仓库内熏蒸杀虫，效果较好。

② 装船后进行检查，未发现活虫。

③ 船期因故推迟一个月，于7月17日起航。

原因分析：7月正值高温多雨季节，因气候影响和运输问题等原因造成。

任务六 请 示

训练目标

通过本任务的训练，掌握请示的规范写法。

知识要点

1. 请示的定义

请示适用于向上级机关请求指示、批准。

2. 请示的特点

① 行文内容的请求性。
② 行文目的的求复性。
② 行文时机的超前性。
④ 请求事项的单一性。

3. 请示的类型

① 请求指示的请示。
② 请求批准的请示。

4. 请示的写法

请示包括标题、主送机关、正文和落款四部分。

（1）标题

请示标题包括发文机关、事由和文种，发文机关有时可以省略。写标题时要注意不能将“请示”写成“报告”或“请示报告”。标题中尽可能不出现“申请”、“请求”之类的词语。

（2）正文

请示的正文包括请示缘由、请示事项、请示要求三部分。

① 缘由。请示的缘由要讲清情况，举出必要的事实数据，实事求是，具体明白。

② 事项。指请求上级机关批准、帮助、解答的具体事项。请示的事项要符合国家法律法规，符合实际，具有可行性和可操作性。事项要写得具体明白，主次分明。

③ 要求。为了使请示的事项得到答复，发文机关一定要提出要求。请示的要求常用的写法有“以上请示，请批复”、“以上意见当否，请指示”、“以上请示，请审批”等，是请示必不可少的内容。

5. 请示与报告的异同

（1）相同之处

① 行文方向一致。均属上行文。

② 在格式上，都由标题、主送机关、正文、署名及时间四部分组成，都应当注明签发

人、会签人姓名。

（2）不同之处

① 行文目的、作用不同。请示旨在请求上级批准、指示，需要上级批复，重在呈请。报告旨在向上级汇报工作、反映情况、提出意见或建议、答复上级询问，不需上级答复，重在呈报。

② 行文时间不同。请示需要事前行文，报告一般在事后或者工作过程中行文。

③ 主送机关数量不同。请示只写一个主送机关。报告有时可写多个主送机关。

④ 收文机关处理方式不同。请示属办件，收文机关必须及时批复。报告多属阅件，除需批转的建议报告外，收文机关对其他报告都可不行文。

⑤ 涉及内容不同。请示用于向上级机关请求批准指示，而报告用于向上级机关汇报工作、反映情况、提出意见建议、答复询问。

⑥ 写作侧重点不同。报告的重点只在汇报工作情况，报告中不能夹带请示事项，而请示中所陈述的情况只是作为请示的原因，重点是请示事项。

6. 请示的写作要求

（1）一文一事

一份请示只能写一件事。如果一文多事，很可能导致收文机关无法批复。

（2）单头请示

受双重领导的机关向上级机关请示工作时，根据请示内容的性质，主送一个上级领导机关，抄送另一个领导机关。

（3）不越级请示

如因特殊情况或紧急事项必须越级请示时，要同时抄送越过的机关。

（4）不得抄送下级机关

请示是上行文，不得同时抄送下级机关，更不能要求下级机关执行上级未批准的事项。

（5）下级机关请示不得原文转报上级机关

下级机关的请示事项，如需以本机关名义向上级机关请示，应当提出倾向性意见后上报，不得原文转报上级机关。

例文阅读

关于为开展补偿贸易拟在××服装厂设立专车间生产点的请示

××总公司：

今年11月，美国×××绸缎公司×××先生与中国香港××丝绸公司×××先生来我公司洽谈业务。他们要求我开设专厂或专车间为其生产订货，并表示愿意提供部分缝纫设备及零配件。香港××丝绸公司专营丝绸服装及绣衣，系我公司主要客户，资信良好。预计开展补偿贸易后，双方业务将有进一步的发展。

经研究，我们拟从××服装厂拨一楼面（约××平方米）设专车间生产点。该服装厂系用出口产品工业贷款筹建，共××平方米，职工××人，××××年生产总值××万元，利润××万元。目前，该服装厂设备开工不足，厂房尚有空余，劳动潜力也未充分挖掘。如接受香港××丝绸公司所提供的××台缝纫平车、××台双针车、××台五线拷边机，再增加×××名工人，产值和利润均可翻一番。

香港××丝绸公司×××先生来沪洽谈业务时，我们邀请他参观了××服装厂，向他介绍了该厂厂房及有关生产情况。×××先生同意采取补偿贸易方式提供上述设备（估计价值××万港元），初步商定3年内该设备专为他们生产订货。预计投产后，可年产丝绸服装××万件，收汇××万港元。设备价款将分期从加工费中偿还。

我们认为，上述补偿项目投资少，收效快，可以考虑接受。

上述意见，如无不妥，请审核批准。

××分公司

××××年××月××日

例文评析：这是一份请求审核批准设立项目的请示。全文具体阐述了请求的背景、原因及条件，理由充分，态度明朗，要求明确。文中的“拟”、“系”、“经研究”、“如无不妥，请审核”等用语准确、得体，值得借鉴。

基础训练

填空题

1. 请示的特点有__________、__________、__________和__________。
2. 请示的主要类型有__________和__________。

拓展训练

病例修改

××省进出口分公司关于请求允许本公司购买卡车的报告

总公司：

目前，我们公司只有卡车一辆，我们出口任务十分繁重，不能完成上级交给的任务。

近年来，在党的对外开放政策的正确指引下，经过本公司的齐心协力，我们的出口任务完成很好，基本落实了计划，公司形势像春天越来越喜人。但是发展外贸，扩大出口，没有卡车不能保证出口任务完成。为此请求增加两辆卡车。

上述意见如无不当，请批示。

××省进出口公司
××××年××月××日

任务七　批　复

训练目标

通过本任务的训练，掌握批复的规范写法。

知识要点

1. 批复

批复适用于答复下级机关的请示事项。

2. 批复的特点

（1）被动性

批复必须依赖请示而存在，先有请示后有批复。

（2）针对性

批复内容有很强的针对性，请示什么事项，就批复什么事项。

（3）权威性

下级机关必须执行上级机关的批复意见。

3. 批复的类型

① 指示性批复。
② 审批性批复。

4. 批复的写法

批复篇幅简短，结构独特，语言准确明晰。

（1）标题

① 完全式标题：发文机关+批复事由+行文对象+文种，如《国务院办公室（厅）关于深圳特区私人建房问题给广东省人民政府办公厅并福建省人民政府办公厅的批复》。

② 发文机关+事由+文种，如《广东省商业厅关于同意成立广东商业汽车维修配件公司的批复》。

③ 事由+文种，如《关于同意××学院人文社科系举办秘书事务所的批复》。

④ 发文机关 + 原件标题 + 文种，如《佛山市人民政府〈关于请求市领导裁决河滨2号住宅楼产权争议的请示〉的批复》。

（2）正文的写法

正文一般包括批复引语、批复内容和结束语三部分。

① 批复引语（引叙来文），如“你局《关于……的请示》（×发〔20××〕×号）收悉。”引叙来文是为了说明批复根据，但要注意尽量避免批复引语和批复标题的重复。

② 批复内容，即针对请示中提出的问题给予明确具体的答复。如果完全同意，就写上肯定性意见，一般要求复述原请示主要内容后才表态；如果有的同意有的不同意，就要写明同意的内容并写明不同意的理由；如果不予批准，一定要在否定性意见后面写明理由。

③ 结束语，以“此复”、“特此批复”、“专此批复”等收束用语作结，也可省略。

5. 批复的注意事项

① 完全理解请示的内容。

② 注意协调。内容若涉及其他部门，起草时应与有关部门取得一致意见后再行文。

③ 态度鲜明，批复清楚。切不可用“可以研究”、“可以考虑”或“可以考虑解决”等模棱两可的语言行文，更不能避而不答。

④ 批复的撰写和制发要求及时。

例文阅读

关于在行政处罚决定中罚款金额计算问题的批复

××省卫生厅：

你厅《关于在行政处罚决定中罚款金额计算问题的请示》（×卫发〔20××〕×号）收悉。现批复如下：

根据《中华人民共和国食品卫生法》第三十九、四十、四十二、四十三、四十四和四十五条的规定，在对上述条款所述违法的食品生产经营者进行罚款的行政处罚时，应视具体情节，按以下方法计算罚款金额。

（一）对可以认定的违法所得，在处以违法所得最高倍数的罚款数额仍低于对没有违法所得罚款幅度的下限时，按照对“没有违法所得”处罚的罚款下限执行。

（二）对难以或无法认定的违法所得，按没有违法所得处理，在法定罚款幅度内，根据情节确定具体的罚款金额。

此复

××××年××月××日

例文评析：这是一篇对请求指示事项的批复。开头部分是引叙请示的标题和发文字号，然后用一个承上启下的句子引出下文，即批复的主体部分。主体部分首先交代了批复的依据，即《中华人民共和国食品卫生法》第三十九、四十、四十二、四十三、四十四和四十五条的规定，然后分两个层次对在行政处罚决定中罚款金额计算问题做了明确的规定。这篇批复可以说有理有据，层次清晰，语言表述准确简洁。

基础训练

判断题

1. 批复和请示一样，也应一文一事。 （ ）

2. 批复的主要特点是有针对性，它总是针对请示被动行文的，这也是批复有别于其他公文的主要特点。 （ ）

3. 批复内容若涉及其他部门，起草批复时应同有关部门协商，取得一致后，方可行文。 （ ）

4. 有一份批复的开头写道："贵局×劳发〔2012〕32号请示收悉。" （ ）

拓展训练

病例修改

关于要求拨给抢修校舍专款请示的批复

××镇教育办：

你们的请示收悉。这次强台风的破坏，使你镇校舍损失惨重，造成许多班级无教室上课。经研究，可考虑拨专款15万元以给你镇抢修教室，不足部分请自筹解决。

此复

××县教育局

××××年××月××日

综合训练

××商贸学校经过几年的发展已升格为××商贸职业技术学院，在校生人数已超过

3000人。但是学校的一些必要的教学设施却一时不能适应其发展规模的需要，特别是缺乏一座独立的图书馆，这既影响了学生的学习，也制约了学校的发展。为解决这一问题，学校决定建造一座独立的图书馆。为此，学校向省发改委计财处写一份请示，请求拨款150万元修建一座4 000平方米的图书馆，并抄报省教委计财处，省财政厅计财处。省发改委计财处接到××商贸职业技术学院的请示后，同意了该校的要求。

1. 请以××商贸职业技术学院的名义拟写一份请示。

2. 请以省发改委计财处名义给××商贸职业技术学院拟写一份批复。

任务八　函

训练目标

通过本任务的训练，掌握函的规范写法。

知识要点

1. 函

函适用于不相隶属机关之间的商洽工作，询问和答复问题，请求批准和答复审批事项。

2. 函的特点

（1）适用范围广泛，使用灵活方便

函既可用于相关商洽工作，询问答复问题，又可用于向主管部门请求批准事项及主管部门审批或答复事项。

（2）行文方向具有多向性

函既可平行，又可以上行、下行，但较多时候作为平行文。

（3）短小精悍

函一般较短小，内容单一，语言简洁，简单明了。

3. 函的类型

① 按照内容和用途可分为商洽函；询问、答复函；请批、批准函。

② 按照行文方向可分为去函和复函。

4. 函的写法

（1）标题

① 发文机关 + 事由 + 文种，如《广州海关关于申请使用住房建设资金的函》。

② 发文机关 + 事由 + 回复函对象 + 文种，如《××县人民政府关于棉籽价格问题给××县人民政府办公室的复函》。

③ 事由 + 文种，如《关于请求拨款举办“民间艺术节”的函》。

（2）正文

① 去函。开头先写商洽、请求、询问或告知事项的依据、背景、缘由。事项部分采用叙述和说明的写法，简明扼要。如果要对方回复，结语部分要明确提出“请函复”、“请复”。

② 复函。复函的写法与批复正文基本一样，由引语和答复意见两部分组成。引语就是引述来函题及来函文号。答复意见即针对来函所提出的商洽、询问或请求等问题予以答复。结语有“特此函复”、“此复”等。

5. 函的写作要求

① 开门见山，直叙其事，切忌空话、套话或含糊其辞。

② 措辞得体，平等待人。

函的语言表达非常讲究，必须得体、礼貌、谦和、态度诚恳、尊重对方，一般不用“必须”、“应该”、“注意”等指示性语言。可多用敬辞“贵公司”、“贵厂”、“希予”、“惠予”、“请接洽为荷”、“见谅”、“候复”等。

例文阅读

××旅游局关于选派出国人员的函

××旅行社：

我局决定20××年3月派一小组赴英国、法国和德国进行旅游推销宣传和调研活动，拟请贵社选派熟悉推销业务并精通英语的同志参加。如蒙同意，请将经贵社同意的出国人员的批件于今年12月底寄我局办公室。特此函达，务请函复。

××旅游局

××××年××月××日

××旅行社关于选派人员的复函

××旅游局：

贵局《关于选派出国人员的函》（××××〔××××〕8号）收悉。经研究，我社决定参加贵局举办的出国旅游推销宣传和调研活动，拟派我社资深营销部经理李××等人参加，现随函寄上经我社批准的出国人员批件，请查收。有关出国费用问题，请接函后与我社再联系。

特此函复

××旅行社

××××年××月××日

例文评析：以上是来往商洽函。去函开门见山，提出商洽请求和相关要求。复函首先引据来函，以作依据，尔后针对来函意图，做出明确具体的答复。两函都能注重礼貌，掌握分寸，行文简洁。

基础训练

填空题

1. 函的主要特点是________、________和________。
2. 按内容和用途分，函可分成________、________和________3种类型。

拓展训练

病例修改

函

××公司：

你公司7月13日所发邀请函已收悉，十分感谢你们领导的盛情邀请及×××先生的热望。我公司有意与贵方开展经济合作已久，但目前前往确有困难，拟定10月或稍晚时候，主管销售的经理一定光临访问。

××公司

2014年8月15日

综合训练

××县人民政府建设一高科技农业示范园，拟请××农业大学主持该园区的设计规划。请代拟一则函，并以收文单位的名义写一则复函。

任务九　会议纪要

训练目标

通过本任务的训练，掌握会议纪要的规范写法。

知识要点

1. 会议纪要

会议纪要适用于记载、传达会议情况和议定事项。

2. 会议纪要的特点

（1）纪实性

会议纪要需如实反映会议的内容和议定事项，不能把没有经过会议讨论的问题写进会议纪要。

（2）提要性

会议纪要是会议的要点，不是会议记录，必须对会议的情况和内容进行综合、概括性的整理，概括出主要精神，归纳出主要事项。

（3）约束性

会议纪要一经下发，便要求与会单位和有关人员遵守、执行。

3. 会议纪要的类型

① 办公会议纪要。
② 其他会议纪要。

4. 会议纪要的写法

（1）标题

会议纪要的标题通常由会议名称和文种构成，如《严厉打击制贩注水肉会议纪要》。有的会议纪要的标题还可写上召开会议的单位名称。有的标题由正标题和副标题构成，正标题反映会议的主要精神和内容，副标题写会议名称和文种，如《探讨市场经济的规律——××社会主义市场经济研究会第二次学术讨论会纪要》。会议纪要的标题通常可以省略“关于”两字。

（2）正文

会议纪要的正文由导言、主体和结尾三部分组成。

① 导言用来概括会议的基本情况，包括会议的名称、目的、内容、时间、地点、规模、参加人员、主要议题和会议成果等。导言不能写得过长，要简明扼要。

② 主体是会议纪要的核心部分，根据会议的中心议题，按主次、有重点地写出会议的情况和成果，包括对工作的评价、对问题的分析、会议议定的事项、提出的要求等。

主体的写法一般有3种：一是条项式，把会议讨论的问题和议定的事项按主次分条列出；二是综合式，就是把会议内容或议定事项进行综合概括，分成若干个部分；三是摘要式，把与会者的具有典型性、代表性的发言要点摘录出来，按发言顺序或按内容性质先后写出。

③ 结尾一般写与会者的希望和要求。

5. 会议纪要的写作要求

① 掌握会议的全部情况。

② 抓住要点，突出会议主题。

③ 文字简洁明快。

④ 注意与会议记录的区别。

会议纪要报送上级时，主办会议单位需再拟一份报送报告，与会议纪要一并上呈。

例文阅读

全国旅游地区财政理论研讨会第十五届年会会议纪要

全国旅游地区财政理论研讨会第十五届年会于2005年10月6日至9日在浙江省绍兴市召开。参加这次会议的有中国财经报社、财政部科研所、上海社会科学院、中国财政经济出版社、浙江省财政厅，以及来自全国18个旅游地区的市县财政部门的专家、领导、代表共45人。本届年会共收到论文19篇，其中10篇进行了大会交流。会议期间，代表们还对绍兴市的旅游和鉴湖风光、古越文化进行了实地考察。绍兴市市长纪根立、副市长马忠和副秘书长赵乃兴等专程到会看望了代表。纪根立市长还发表了热情洋溢的祝酒词。期间，还召开了两次常务理事会议和一次代表预备会，就研讨会的规范、完善、提高等问题进行了深入探讨。现将本届年会及常务理事会的内容综合纪要如下。

（一）关于本届年会的主要收获

从会议收到的论文和大会交流的情况看，各地都结合实际，就发展旅游与培植地方财源的关系、旅游业对贫困地区的作用、旅游地区的建设问题、市场经济条件下旅游经济的效益问题，以及如何筹措资金发展旅游、旅游财政与旅游促销等问题进行了深入研究和探讨。会议期间，中国财经报社的程理嘉总编、财政部科研所的项境泉教授、上海社会科学院的王大悟教授等先后作了专题发言。

会议认为，全国旅游地区财政理论研讨会不仅在理论上做了大量的开拓性研究工作，而且在实践上对我国的经济体制改革、财税体制改革，以及对外开放、推动旅游地区的财政经济发展提出了具有很强的实用性和指导性的对策意见。

会议认为，目前我国的旅游业带动了流通部门、生产生活服务部门、教科文卫和社会福利部门的事业发展，旅游业已成为新兴的龙头产业之一。我国实行分税制后，旅游业在许多省市正在成为地方财源新的增长点，它对发展民族经济、扶持贫困地区脱贫致富，具有社会的和经济的双重应用价值。

会议的收获与本届年会的东道主绍兴市财政局的组织工作是分不开的，与会代表对东道主表示衷心感谢。

（二）关于研究会的发展问题

全国旅游地区财政理论研讨会自1989年7月成立至今，已经把相当部分的旅游地区财政工作者和研究工作者联合了起来，开展了旅游财政问题的广泛研究，先后召开了15次年会，并出版了14本论文集，成果显著，成绩很大。现在应在已有成绩的基础上，走向进一步规范、完善、提高的阶段，以适应蓬勃发展的旅游业和财政工作的需要。当前研究会要朝着“一巩固，二扩大，三提高”的方向发展。

1. 巩固成就。（略）

2. 扩大规模。（略）

3. 扩大影响。（略）

4. 提高规格。（略）

5. 提高质量。（略）

6. 提高效果。（略）

会议决定，本次年会继续出版论文集。（略）

会议还决定，要广泛宣传本次会议的成就。为此委托绍兴市财政局撰稿，请《中国财经报》、《财政》予以报道。

（三）关于第十六届年会和加强研讨会的工作问题

根据第十四届年会决议和本次会议与有关地区的商议，决定第十六届年会于2006年下半年在黑龙江省哈尔滨市召开，并确定新疆阜康市为第十七届年会的预备举办单位。第十六届年会主要是交流旅游地区财政工作的主要经验。

为了加强研讨会的工作，会议决定，请会长和副会长在近期前往北京向财政部外事财务司汇报研讨会的基本情况和这次年会的成就及意见、建议。在此基础上，在河北省适当的地方召开一次常务理事会，进一步研究和确定研讨会今后的工作。

例文评析：这是一篇大型综合式会议纪要。导言是介绍会议的基本情况。文种承启语导出文章的主体。文章主体分三大部分：第一部分写本届年会的主要收获；第二部分写研讨会的发展问题；第三部分是关于下一届年会和加强研讨会工作的有关事宜。三个部分的排序合理。

文章层次分明，行文简明。文中两句“会议认为”以及“一巩固，二扩大，三提高”的写法归纳概括颇见功力，给人留下结构严谨、层次清晰的印象，值得借鉴。

基础训练

1. 会议纪要的特点有__________、__________和__________。

2. 写作会议纪要，要求掌握会议的__________，抓住__________，突出__________，文字简洁明快。

综合训练

将下列会议内容整理成一份会议纪要

杭州市创建国家卫生城市领导小组昨天召开卫生月动员大会。副市长××出席会议并讲了话。

会议确定了4月1日为卫生月活动宣传日，4月份的第一周为居住环境整治周，第二、三周为单位卫生和环境卫生薄弱环节整治周。会议要求各地区和系统精心组织卫生月活动，周密安排、落实，动员广大人民群众积极投入到环境整治活动中去。各地区、各部门要强化管理，作好监督检查，对拖后腿的单位要严肃批评直至依法处罚。要使市民切实感受到卫生月带来的好处。

有关单位的负责人分别在会上提出了各自活动的打算。下城区政府提出，以整治住宅和环境卫生为重点，动员、发动每家每户，努力创造净化、美化环境；市教委表示将号召全市所有的大、中、小学生人人动手整治校园、居家内外环境；市环卫局要求广大环卫职工规范作业，彻底清除垃圾；市巡警总队提出，对卫生状况差的道路、路段进行集中整治，加大执法力度，确保道路环境整洁；市工商局要求各级工商部门以“规范市场秩序，整治市场环境”为主题，为市民营造舒适、美好的购物环境；市建委提出，以整治工地卫生为重点，做到文明施工。

第三单元

日常文书写作技能训练

任务一　条　据

训练目标

通过本任务的训练，掌握各种条据的规范写法，体味例文，模拟写作。

例文阅读

例文一（便条）

李经理：

××商厦来电说有两只柜台可供出租，是否需要？请见条后速与该商厦王小姐联系，电话××××××××。

办公室小王

即日

例文评析：这是一张便条，便条由称呼、正文、具名和日期构成。写法比较简便，写清事项即可。

例文二（请假条）

王科长：

昨晚患重感冒，并有39℃高热，现仍未退，故请假今明两天，请予批准。

财务科陈××

20××年××月××日

例文评析：这是一张请假条，称呼不能随意，必须要写尊称。正文首先要写明请假的原因，不可仅写上“今因有事请假一天”，不仅不便于对方准假，也是对对方的不尊重；

其次，要写明请假的时间，从哪天始到哪天止，这样便于统计考勤。正文结束，往往写上“请予批准”“请准假”等语收结，而祝颂语“此致敬礼”则可省略不写。

例文三（借条）

借 据

今因装修房屋尚缺资金，特向×××借人民币伍仟元整，借期壹年，至20××年12月31日前归还，利息不计。此据。

借款人×××
20××年12月28日

例文四（收条）

今收到

××公司赞助的××电脑两台，赞助的人民币壹拾万元整。此据。

××××××学校
经手人×××
20××年××月××日

例文五（领条）

今领到

本厂福利科劳保服装壹拾套，手套壹拾双。此据。

领取人××车间
×××
20××年××月××日

例文六（欠条）

欠 据

今在本厂小卖部购饮料3箱，计人民币叁佰元整，已付贰佰伍拾元整，尚欠伍拾元整，定于本月5日归还。

此据。

欠款人××车间
×××
20××年××月××日

例文评析：例文三至例文六属于凭证性条据，写法比较严格。

凭证性条据首先要写明单据种类的名称，如“借条”、“收据”或写“今借”、“今收到”、“今欠”、“今领到”等，首行居中。单据不写称呼，直接写正文。

正文要写明立字据的事由或事实，具体钱财、物品的品称、数量，如果是借条或欠条，还应写上还款日期、还款方式、利息支付等其他事项。正文结束，还应写上“此据”两字收结，可紧接在正文后面写，也可另起一行空两格写。

正文的右下方签上立字据人的姓名，在签名时，应在姓名前写上“借款人”、“欠款人”、“收款人”、“领取人”或“经手人”等名称。如要写上单位名称，应加盖公章。具名之下应写上具体的年、月、日。

凭证性条据的写作要求。

① 财物数额要大写，数额前不留空格。如果是钱币，还应写上币种名称；如果金额末位数不是“分”的话，则应在金额末尾数后写上“整”字。

② 单据不宜涂改，如需改动，应在涂改处加盖责任人的印章，如能另写一张更好。

③ 书写端正清楚。单据要写得清晰、字迹端正，且用不易变色的黑色签字笔或黑、蓝黑墨水钢笔书写。

综合训练

根据下列材料写出相应条据

1. ×××因感冒发烧向公司请假2天。

2. 因班级开联欢会，向学工处借音响设备1套，投影仪1台，话筒2只，预支活动经费250元，还期请自定。

3. 某商店向××帽厂批进新式童帽200顶，每顶定价20元。当场付现金3 000元，尚缺1 000元，经帽厂同意，余款在3天内付清。

任务二　启　事

训练目标

通过本任务的训练，掌握启事的规范写法，体味例文，模拟写作，培养撰写启事的能力。

知识要点

1. 启事的定义

启事是单位或个人为公开陈述事情，向大众说明并请求予以支持所写的、通过传媒公开的文书。

2. 启事的种类

① 征招类启事，包括招生、招聘、招标、招工、招领、征稿、征婚、换房等启事。
② 声明类启事，包括遗失、作废、解聘、辨伪、迁移、更名、更期、开业、停业等启事。
③ 寻找类启事，包括寻人、寻物启事等。

3. 启事的结构

启事由标题、正文、落款三部分组成。

（1）标题

启事的标题分为以下几种：一是以文种作为标题，如《启事》、《紧急启事》；二是以事由作为标题，如《招聘》；三是以启事单位和文种作为标题，如《××公司启事》；四是以事由和文种作为标题，如《招标启事》；五是由启事单位、事由、文种构成标题，如《××商城开业启事》等。

（2）正文

正文要具体说明启事的内容，将有关事项一一交代清楚。如果是寻物启事应着重交代丢失物品的名称、特征、时间、地点，失主姓名、住址或单位名称、地址，发现后交还的办法和酬谢方式等；如果是开业启事应写明开业单位的名称、概况、性质、地点、经营项目和开业时间等内容；如果是招聘启事要包括招聘基本情况、招聘对象、应聘条件、招聘待遇、招聘方法等内容。文末可写上“此启”或“特此启事”，也可省略。

（3）落款

落款要写明启事单位名称或个人姓名和启事日期。如果标题或正文中已写明单位名称，此处可以省略。有的启事还需要写明单位地址、时间、电话、电子邮箱、联系人等。凡以机关、团体、单位的名义张贴的启事，应加盖公章，以示负责。

4. 启事写作的注意事项

① 标题要简短、醒目。
② 内容要严密、完整。事项要交代清楚，内容单一，一事一启，写明联系方式。
③ 用语要热情、恳切、文明。

例文阅读

诚 聘

我公司系经有关部门批准、登记注册的独立法人企业，主要经营房地产开发和商品楼房销售。现因业务发展，需要招聘一批工程专业技术和擅长经营管理的人才，待遇从优。

招聘人才及条件：

① 建筑设计师2名（中级职称以上）。

② 土建工程师3名（中级职称以上）。

③ 经营管理人员4名（助师以上职称，有3年以上工作经验）。

上述人才，除特殊情况外，年龄均不超过50岁。

有意应聘者持身份证及有关证明来我公司洽谈。洽谈日期，即日起至××月××日止。

地址：××市××路××号

联系人：李××　王××

××××有限公司

××××年××月××日

例文评析：这是一篇招聘启事，正文部分介绍了企业性质、经营范围、招聘目的、对象、条件及办法等，同时注明了联系地址和联系人。本启事简明扼要，条理清楚。

综合训练

1. 有一单位现有两层的楼面空置，第一层面积有500 m^2，第二层有450 m^2，可作为办公、展览、餐饮等用房，也可用作休闲娱乐活动场所和证券公司的营业所。大楼内装有电话线、宽带，水电煤一应俱全，大楼面临×××路，周围居民多，交通也十分便利，位置很优越。该单位要将这两层楼面租借出去，希望有意者来洽谈。请你为该单位拟写一则启事。

2. 学校学生会要成立某协会、组织或社团，如摄影协会、文学社、话剧队、足球队等。请拟写一则招聘有关人员的启事，内容自拟。

任务三　请柬和聘书

训练目标

通过本任务的训练，掌握请柬、聘书的规范写法，体味例文，模拟写作。

知识要点

1. 请柬的定义

请柬是恭请对方前来参加有关活动的专用书信，多用于重要的纪念庆贺活动、友好交往的联谊活动、参观访问活动、各种比赛活动，以及交流经验、共同磋商问题的会议等。

2. 请柬的特点

① 文字性。请柬只能是书面的，或直接当面呈递，或托人致送，或邮寄。

② 广泛性。请柬的使用范围广泛，很多活动和事项都要通过请柬来邀请客人。

③ 非保密性。请柬的内容是公开的，请人托带时，信封通常是不封口的。

3. 请柬的格式

一般由标题、称谓、正文、结尾、落款五部分构成。

① 标题。首行居中写“请柬”。

② 称谓。换行顶格写被邀请者姓名或单位名称。

③ 正文。这部分要写清楚邀请的事由、时间、地点，以及有关要求或注意事项。如果是向单位发出邀请，还需写明被邀请的对象和人数。

④ 结尾。为表示对被邀请方的恭敬的礼貌，一般要写上“敬请光临”、“恭请莅临”、“请届时光临指导”这一类的结束语。

⑤ 落款。在正文右下方写上邀请单位或个人的名称。单位要加盖公章，个人需署名。署名之下写上具体的年、月、日。

4. 聘书的定义

聘书是单位聘请有关人员担任本单位某一职务或承担某项任务时使用的应用文书。

5. 聘书的作用

① 向应聘者表示敬意。

② 加强应聘者的责任感。

③ 加强协作的纽带。

6. 聘书的格式

聘书一般由标题、称谓、正文、结语、落款五部分构成。

① 标题。在封面居中写上“聘书”或“聘请书”。

② 称谓。被聘请者的姓名、称呼，可以在开头写，也可以在正文中写。

③ 正文。聘书的主体，一般要写清聘请的缘由或聘请担任的工作，正文中还要写上对聘请者的希望和要求。

④ 结语。一般要写上表示敬意和祝颂的话语。

⑤ 落款。结语下行右下方写上聘请单位的名称、日期，加盖公章。

7. 聘书的写作要求

① 陈述清楚。写清聘请谁，聘请的原因，聘请的职位。

② 文字庄重简洁。表示对应聘者的敬重，语言要简洁干练。

③ 加盖公章。聘书是以单位的名义发给受聘者的，加盖公章后才能生效。

例文阅读

例文一

请　柬

××先生：

经××市文化局、××市艺术馆、××旅游开发区管理公司、××市经济文化开发公司、××市旅游学校五家单位共同决定，“××旅游开发区杯”歌手大赛将于2015年5月6日上午9时在××旅游开发区文化馆举行。这次由全市18个区、县代表队参加的大赛，是全市群众文化活动和精神文明建设的一件大事。

“××旅游开发区杯”歌手大赛设立美声、民族、通俗三种唱法，大赛分预赛和决赛两个阶段进行。决赛获奖歌手将得到市一级的资格证书。决赛后，将举行隆重的颁奖晚会。出席颁奖晚会的有省、市政府的主管领导，以及省、市文化部门的专家和赞助这次大赛的企业嘉宾。

大赛组委会邀请您作为本次大赛的嘉宾，敬请届时光临。

“××旅游开发区杯”歌手大赛组委会
××××年××月××日

例文评析：这份请柬的特点是邀请的事由，以及有关事项写得十分明白、清楚，使被邀请者感受到这次大赛的意义重大，虽然被邀请者并没有实际的工作任务，但已深切感受到隆重的礼遇。

例文二

聘　书

××先生：

我所是西南地区最大的水产研究基地，承担着国家及省、市下达的科研项目达百余项。为了集中西南地区水产专家的力量参与我所的科研，经我所决定，兹聘请你担任我所兼职研究员，负责进口鱼类的繁殖研究工作，聘期三年（自××××年××月××日到××××年××月××日）。

特此聘请

××市水产研究所

××××年××月××日

例文评析：这份聘书将聘请缘由及对被聘者的具体职责和时限等内容逐一陈述，内容清楚，结构完整，表述清晰。

拓展训练

病例修改

请　柬

敬爱的孙院长：

您好！

我们是财会专业01级毕业班的学生，我们即将毕业走向社会，面对纷繁复杂、难以捉摸的社会，我们每个人的人生观、价值观都将受到检验。而我们这一代人应该树立什么样的人生观、价值观呢？为了找到一个明确的答案，我年级同学将于4月30日下午2:30在阶梯教室举行演讲比赛。您既是院领导，也兼任我们“两课”的任课教师，特邀请您出席并作指导，并请您担任评委，届时恭候您大驾光临！

此致

敬礼

01级各班班委会

××××年××月××日

综合训练

1. 高明在绍阳机械高等职业技术学院机电专业毕业后，筹措资金欲开办一机械加工厂。在资金到位，厂房、设备也安排妥当之后，向工商局提出了开业申请，工商局批准了他的开业申请。为了维护自己的合法权益，他聘请了金城律师事务所江州律师为常年法律顾问。一切准备就绪，他拟于2015年3月1日正式开业。请代高明拟写聘请法律顾问的聘书和邀请亲朋及有关人士参加开业典礼的请柬。

2. 恒达科教有限公司拟于2015年8月8日8:00—18:00在白天鹅大酒店举办科教仪器商品洽谈会，拟邀请有关商家参加。请据此信息以该公司的名义，制作一个请柬。有关内容可以合理扩充。

任务四　求职文书

训练目标

通过本任务的训练，掌握求职文书的规范写法，体味例文，模拟写作。

知识要点

① 求职文书由求职信和简历构成。

② 求职信是求职者向用人单位推荐自己，说明自己任职意愿，提出任职请求的信函。

③ 简历是对个人学历、经历、特长、爱好及其他相关情况所做的简明扼要的书面介绍，是一种自我宣传与自我推销的文字媒介。简历常作为求职信的附件一同投给用人单位。

④ 求职信的写作注意事项：首先，要了解招聘单位的用人条件，以此确定写作的侧重点；其次，求职信的内容要真实可靠，不能弄虚作假；再次，求职信中要突出自己的优势和特长。

⑤ 简历的写作注意事项：简历应简洁；经历描述中不要有主语，最好用第三人称；避免出现大段文字。

例文阅读

见例文一、例文二。

综合训练

根据自己的实际情况，拟一份求职文书。

例文一

个人简历

姓　　名：　　　　　　　　　　性　　别：
出生日期：　　　　　　　　　　健康状况：健康
学　　历：大专　　　　　　　　婚姻状况：未婚
学　　校：××大学××系××专业
身　　高：
身份证号：
电子邮件：
移动电话：

自我评价

敬业认真，沉稳踏实，有事业心，思维活跃，富有创造力，易于沟通，爱好广泛，重视团队合作。坚信团结是事业成功的根本，能顾全大局。

专业素质技能

有较好的文学功底，严密的逻辑思维能力，学习新事物的能力较强，能够适应多变的环境。心态积极向上，勇于挑战自我。

求职意向

应聘职位：行政助理、营销助理、财务助理等。

教育经历

奖励

语言能力

职业技能

实习经验

例文二

求　职　信

尊敬的先生/女士：

您好！

本人毕业于××大学，就读××专业，今年××岁。欲应聘行政助理、企业文秘、市场策划等职位。各方面条件正符合贵公司的要求。

本人办事严谨，学习刻苦，能接受各种挑战和困难。

大学期间顺利获得了国家×级英语等级证书，及国家×级计算机等级证书，相信能够很快适应公司的现代化办公方式。

实习期间的勤奋工作，使我对××职业有了更深刻的了解，并得到了公司领导的肯定。

随信附上简历等其他资料，感谢您在百忙之中抽空阅览，如有机会与您面谈我将不胜感激。

顺颂商祺！

此致

敬礼

求职人：×××

××××年××月××日

相关阅读

人力资源经理评说求职简历

问题一：求职简历的标准是什么？

陈沁（亚信集团股份有限公司招聘经理）：我们首先会看专业是否对口，这决定了学生对行业知识的了解程度；其次看其经历是否跟职位相符合。结合亚信的选才标准，我们会看这个人与职位相关的工作经历、项目经历、教育背景和取得的成绩等。因为这些都可以反映出一个学生的能力。如果他经常参加社团活动，说明他还是很外向的；如果他在同行业公司实习过，那他的经验就会和职位比较接近。我喜欢主题明确的简历，两页以内就可以了，主次分明，简明扼要就好；针对性要强，不要罗列过多，重点不明确。

丛玮（研华中国有限公司人力资源部主管）：我不赞成简历做得很花哨。一个招聘会结束，企业收到的简历少则几百份，多则几千份。人事部门负责筛选，不可能腾出更多的人手，我们还有其他日常工作。几个人筛选几千份简历，工作量是很大的。有的学生把简历做成一个非常精美的册子，多达六七页，光成本就要几块钱。我觉得这没有必要，也没有太大的益处。简历一定要简单、突出，重点是以前所做过的工作和成绩。

解海燕（北京美大星巴克咖啡有限公司人力资源部经理）：我们挑选简历最重要的标准就是岗位的要求。除了一些特殊的岗位对于学历、专业有要求外，一般岗位对学历、专业没有太多的限制，主要是看申请学生的条件和岗位的契合度，根据我们的需要来综合考察、选择人才。至于其他方面，如有无照片、简历的制作形式等都没有特别标准。星巴克力图营造的是一个包容的环境，因此，在简历方式上非常尊重求职者的个性，对大学生的审美取向也是尊重的。另外，星巴克公司网站上有在线职位申请表，学生们可以选择填写。

问题二：最关注简历中的哪些内容？

时健（中国对外人才开发咨询公司人事经理）：简历要出奇最好。学生的简历比较模式化，内容大多包括简单的个人基本信息、学习经历、实习经历、家庭及学习成绩。就我个人来说，更看重学生的实习经历和通过简历体现出来的文字组织表达能力和逻辑能力。一封好的自荐信更能体现这个人的文字表达能力。

刘莹（北京博越世纪科技有限公司人力资源总监）：我看简历的时候并不是从头看下来。我首先会看社会实践方面的描述，如果他不表述自己的社会实践经历的话，我会看他如何描述自己掌握的技能，在表述基本技能的时候是不是表述得很清楚。

问题三：学生简历中存在哪些弊病？

况杰（普汇创展管理咨询高级合伙人、爱尔兰欧洲管理学院国际市场研究中心主任、人力资源专家）：很多人没有好好梳理自己的优点，其实，任何人都有别人不能替代的优点，一些不太出众的人也一定有优点。尽管他们的学习成绩不出色，但他们可能具备乐于助人、耐久力强、工作踏实等特点，这一旦在适当的岗位上就能发挥无法替代的优势。你把这个优点及具体的例证放到简历里，并且真正发挥于工作中，就会受到人事经理的关注。再有，简历的特点就是简单，而很多同学写简历最大的问题是复杂！尽管复杂，但企业想要看的东西却没有。很多同学将所学的课程全部罗列上，大概有三十多门课，占的篇幅不小，但意义并不大。有经验的人事经理一看专业就大致知道你学过什么，几乎没有人会考察你学过什么课程。所以，一定要找一件能反映自己能力的事。比如，社会实践这一栏有的同学就写下三个字“拉赞助”，但什么时间做的，做的经过和效果如何，成功与否，这些又都不写。所以，要将事实写清楚、明确——因为事实胜于雄辩！

刘莹（北京博越世纪科技有限公司人力资源总监）：现在很多学生的简历有厚厚一沓，很多次要的信息一股脑儿全放上，占了很大的篇幅，其实我觉得很多都没有必要，应该有效地利用简历空间。具体来说，比如写自己的导师是谁，其实我们并不非常关心你的导师。还有课程和成绩，有些公司可能有要求，但我们并不是特别在意。

问题四：是否对简历加以确认？

刘莹（北京博越世纪科技有限公司人力资源总监）：第一关我们通过电话面试，我们会在电话中就一些细节去考察他是否诚信；第二在第一轮面试前我们会要求面试者填一个《应聘人员登记表》，那些还需抽出自己的简历照着抄的人一般会被淘汰。

第四单元

事务文书写作技能训练

任务一　计划书

情景模拟

年底，鑫乾公司的工会主席非常忙碌，不仅有许多辞旧迎新的活动要组织开展，而且要制定工会的新年工作计划。作为总公司工会，下属分公司多，方方面面的工作多，千头万绪都需要他理顺。为了写好工作计划，使各项工作有条不紊地开展，他必须抓紧时间和各个部门沟通，了解下属各部门的新年打算和设想，以便有的放矢，做好统筹安排。

训练目标

通过本任务的训练，掌握计划的规范写法，体味例文，模拟写作，培养撰写计划的能力。

知识要点

1. 计划的定义

计划是指为了实现某项目标和完成某项任务而事先做的安排和打算。计划是计划类文书的统称，因计划涉及内容和期限的不同，计划文书还有不同的叫法。

① 规划——是具有全局性的，较长时期的长远设想。

② 设想——是初步的仅供参考的草案性的计划。

③ 要点——是列出工作主要目标的计划。

④ 方案——是从目的、要求、工作方式方法到具体步骤都做出全面部署与安排的计划。

⑤ 安排——是对短期内工作进行具体部署的计划。

⑥ 打算——是短期内工作的要点式计划。

2. 计划的特点

① 具有预见性。

② 具有可行性。

③ 具有指导性。

3. 计划的写作方法

计划一般由标题、正文、落款三部分构成。

（1）标题

计划的标题一般由四个要素组成：单位名称、适用时限、计划内容和计划种类，如《××大学2015年招生工作计划》。有时，标题也可省略时限，如《××地区禽流感防治预案》；或省略单位，如《2010—2015年城市规划》；或省略单位和时限，如《××新产品开发计划》。若计划还不成熟或未经批准，要在标题后加“（草案）”、“（讨论稿）”等字样。

（2）正文

计划的正文一般由前言、主体、结尾构成。

① 前言。简要概括基本情况，并指出制定计划的政策依据以及要努力达到的目标。回答“为什么制定该计划”。

② 主体。目标和任务是计划的核心内容。阐述“做什么”，提出工作任务以及要达到的数量和质量的指标，这部分要明确写出要做哪些事，数量上、质量上和时间上的具体要求等。写法一般采用分条列项的方式，用小标题或者序号标明层次，然后逐项写出具体任务和目标。

措施和步骤是完成任务的保证。说明“怎么做”，这部分要详细说明完成任务的具体措施，行动步骤，时间分配，人力、物力和财力安排等。措施要具体，分工要明确，步骤要有序，条理要清楚。时间安排应当具体，什么时间要完成哪些任务，“做多久”都要一一说明。

③ 结尾。一般包括制定计划时应注意的事项，需要说明的问题，或提出要求、希望和号召等。

（3）落款

在正文右下方署上制定计划的单位名称，在署名的下一行写上制定日期。

4. 计划的写作要求

① 要服从大局。

② 要实事求是。

③ 要明确具体。

④ 要简明扼要。

例文阅读

××公司新职工培训指导计划

第一章　教育目的与内容

1. 教育目的

对本企业新录用的职工介绍企业的经营方针，传播本企业职工所必备的基本知识和业务技能，提高其基本素质，使之在较短时间内成为符合要求的职工。

2. 教育内容

① 明确本企业的生产目的和社会使命。

② 明确本企业的历史沿革、现状、在产业中的地位和经营状况。

③ 了解本企业的机构和企业组织。

④ 掌握本企业的规章制度和厂规厂法。

⑤ 掌握本企业各部门的业务范围和经营生产项目。

⑥ 了解本企业的经营风格和职工精神风貌。

⑦ 了解本企业对职工道德、情操和礼仪的要求。

⑧ 通过教育培训考察学员的个人能力和专业特长。

第二章　教育实施要领

1. 教育指导者

① 企业主要领导要负责教育指导工作，其他人员应积极参与。

② 计划的编制和组织实施由总务部或人事部负责。

③ 全体职工都应协助教育培训工作。

2. 培训时间

一般为3个月，根据实际情况可适当延长或缩短。

3. 编班

为便于组织培训，根据学员学历，可分成不同的班组，并指定一名班组长。外出参观或实习时，可根据实际需要，重新编班。

4. 作息时间

集中培训的时间安排为“上午：×时×分到×时×分；下午：×时×分到×时×分”。实习时间同企业作息时间一致。参观时间视情况而定。

5. 教育方法

① 专业知识传授采取集中授课的方式。

② 实习则采取到实习工厂或企业车间部门实际操作的方式。

③ 参观。根据教育员的布置，实地考察，并由学员提交参观报告。

④ 培训日记。培训期间要求学员对培训感想和认识做出记录，以提高学员的观察和记录能力。

⑤ 在培训过程中，尽量让学员接触生产实践。尽量地提供更多的参考资料和视听教材。

第三章　模拟安置

1. 目的

在新职工教育培训期间，根据企业的组织设置，将学员模拟安排不同部门，以考察其能力和适应的部门，为正式安排提供依据。同时也使新职工尽快地了解企业情况。

2. 时间

模拟安置时间从培训正式开始起，到正式安排上岗。以15天为一周期，全体学员轮流更换工作。

第四章　教育培训实施要领

1. 基础理论教育（见附表一）。（略）

2. 实习教育（见附表二）。（略）

3. 注意事项

① 对企业的机构设置、规章制度、生产经营管理系统要进行重点介绍。

② 对各部门的职权范围、工作内容等要进行详尽介绍。

③ 要让学员清楚地认识工作性质和责任。

④ 要培养学员的责任心和效率意识。

⑤ 培养学员的礼仪修养，养成礼貌待人的习惯。

⑥ 使学员意识到校园生活与企业生产的差别，感知到自己新的责任与地位。

⑦ 培养学员尊重知识、严肃认真的工作态度。

⑧ 注意培养学员的集体精神和企业意识。

⑨ 不应把新职工的教育培训任务仅局限于企业领导，要使全体企业职工参与教育培训工作。

××××年××月××日

例文评析：这是一篇写得较好的职工上岗培训计划，属专项计划。文章通过分章结构，表达了培训的目的、内容、指导者、时间安排、教育方法、模拟安置、注意事项等内容。计划的“三要素”，即目标、措施、要求已体现其中，考虑较周密，上岗针对性强，操作性也较强。

基础训练

1. 计划的标题由__________、__________、__________和__________四部分组成。

2. 计划的正文围绕“__________”、“__________”、“__________”和“__________”

进行表述。

拓展训练

病例修改

××化工大学信息科学与技术学院2013年学生会工作计划

新的学期开始了，信息学院学生会也迎来了新学期的工作。本学期是新学生会工作的第二个学期，我们肯定成绩，总结经验，吸取教训，力争在本学期的工作中丰厚的收获，取得更有意义的成绩，为信息学院争光，成为信息学院的骄傲。

这个学期，我们本着健康、积极、活泼、向上原则制定了以下的工作计划，希望同学们能够在活动中有所启发，有所收获。

本学期的工作主要分为三个部分：网站建设、文体活动和学习方面。

一、网站工作是本学期的工作重点，主要任务如下。

1. 进一步完善网站各项的建设，充实内容。

2. 组建网站上传，维护更新体系。

3. 以网站为阵地开展活动，以网络为媒体进行活动宣传。

二、文体活动

1. 三月初，进行信息学院“信息杯”篮球联赛。

2. 三月中旬，校“化新杯”足球赛。

3. 三月末，信息学院卡拉OK大赛。

4. 四月，信息学院足联赛。

5. 五月初，策划并参加北京市高校信息学院篮球联赛。

三、考研、择业

我们准备为考研、出国、就业的同学举办一系列的讲座。计划邀请太奇、导航、领航等考研辅导学校讲师来我校为考研同学作讲座，邀请新东方、瑞通等培训公司讲师来我校为出国、就业的同学作讲座。

综合训练

根据下面的材料，编写一份××企业年度工作计划（可合理想象，进行内容补充）

企业发展规模：新建××车间，发展××产品的生产；扩建××车间，使×种产品的生产比上年提高××，年产量达到××万只。增加工程技术人员、技术工人和部分管理人员，使之从现有的××人增加到××人。

产品发展方向：与××研究所合作，积极研制新产品，其中××新产品达到国际水平。对现有××等几种产品进行技术改造，以符合国内和国际市场的需要。

总目标：研制尖端产品，赶上国际先进水平；进行部分老产品的更新换代；新建和扩建部分生产车间；大力培训工人，促进技术进步，提高企业经营管理水平和经济效益。

主要技术经济指标：① 提高劳动生产率。随着新设备、新技术的应用和生产技术的提高，全年全员劳动生产率比现在提高××%左右。② 增加净产值。年总产值达××××万元，比现在提高×倍。③ 降低可比产品成本。通过提高劳动生产率，节约原材料、燃料等消耗，使可比产品成本比现在降低××%左右。④ 加速资金周转。在产量增加的情况下，尽量不增加流动资金，缩短资金的周转期。⑤ 提高赢利水平。在增加生产、降低消耗的基础上，使利润从现在的×××万元，增长到×××万元。

办法措施：① 举办各种培训班，提高工人文化素质。② 加强管理，严格制度。③ 开展劳动竞赛，提高劳动生产率。④ 严肃财经纪律。

任务二　策划书

情景模拟

清华大学新闻与传播学院学生陆亚楠写了一份《不让孩子失去联想——联想集团援助艾滋病致孤儿童全球公关策划》，在第三届“清华—杜孟传播奖学金”颁奖会场获得了“杜孟学术奖”，获得了到联合国艾滋病规则署实习3个月的机会。

训练目标

通过本任务的训练，掌握策划书的规范写法，体味例文，模拟写作，培养撰写策划书的能力。

知识要点

1. 策划书的定义

策划书也称策划案，一般包括活动策划书和营销策划书两大类。

① 活动策划书，是公司或企业在短期内提高销售额，提高市场占有率的有效行为设想。

② 营销策划书，是策划人员通过对市场项目进行系统分析，对市场活动的整体战略和策略进行运筹规划，从而对提出、实施和检验市场决策的全过程做预先的考虑和设想。

2. 策划书与计划的区别

计划可不需批准即可执行，无需论证；策划书需上报，对其可行性进行简要论证通过后，方可执行。

3. 策划书的写作结构

策划书包括标题、正文、署名和日期三部分。

（1）标题

策划书标题包括策划名称和文种，策划名称应尽可能具体地写出策划的时间、范围或对象。

（2）正文

正文从三方面进行阐述。

① 简要交代策划的背景和意义。

② 详细说明策划项目。这是说明策划内容的主体部分，可适当加入图表进行说明。具体包括策划内容和实施步骤两方面。策划内容是对执行策划项目相关内容的描述；实施步骤则说明策划实施时的时间安排。较为复杂的活动策划需以各项计划书，如费用计划、人员计划、作业计划等为附件。

③ 辩证进行效果预测，说明方案的可行性与操作性。可从四方面阐述：一是期待效果和预测效果；二是策划风险或症结；三是可供参考的策划、文献、案例等；四是策划建议。

4. 活动策划书的内容要素

（1）文头

文头部分由标题、策划者姓名或单位名称、完成日期等几部分构成。标题一般由“事由+文种”构成，如《××商场五周年店庆活动策划书》。

（2）正文

活动策划书的正文包括以下几部分。

① 前言。介绍策划的背景资料，如活动基本情况简介、近期状况、组织部门、活动开展原因等。

② 活动目的及意义。主要说明这次活动要达到的预期效果、可能产生的社会影响。

③ 活动主题（或宗旨）。提出有创意、有针对性的活动主题和传播口号，必要时阐释其内涵。

④ 组织机构及人员分工。

⑤ 活动内容、流程及时间安排。将活动全部过程按时间顺序标示，使相关人员清楚什么时间做什么事，也是检查活动进展情况的依据。

⑥ 活动的宣传、推广安排。有些专题活动，除了单位本身相关人员的参与外，还需要借助媒体的配合和宣传，以获得最佳活动效益，这就需拟定相关的媒体配合计划。

⑦ 经费预算。针对一项专题活动，必须进行周密的经费预算，并用明细的数字分类标示，必要时可借助预算表。

⑧ 活动中应注意的问题及细节。内外环境的变化，会给执行方案带来一些不确定因素，因此也应在策划书中说明环境变化时是否有应变措施、损失概率是多少、造成的损失大约多少等内容。

5. 营销策划书的内容要素

（1）封面

封面内容包括：策划书的名称、委托策划的客户、策划机构或策划人的名称、策划完成日期，以及本策划适用时间段。

（2）前言

前言简单介绍委托情况、策划目的和意义，以及策划的概略情况。

（3）目录

（4）概要提示

阅读者通过概要提示，可以大致理解策划内容的要点。

（5）正文

一般营销策划书的正文包括以下8个部分。

① 营销策划的目的。例如，企业刚成立，尚无一套系统的营销方略，因此需要根据市场特点策划出一套营销计划。

② 企业背景状况分析。目前市场环境下与竞争对手相比具有哪些优势、劣势、机会和威胁。

③ 营销环境分析。包括当前市场状况、市场前景分析，以及对产品市场影响因素的分析。

④ 市场机会与问题分析。针对产品目前营销现状进行分析，从优势中找机会，从问题中找劣势并予以克服。

⑤ 营销目标。营销目标是公司所要实现的具体目标。

⑥ 营销战略（具体营销方案）。营销战略包括营销宗旨、产品策略、价格策略、销售渠道、广告宣传，以及具体行动方案。

⑦ 策划方案各项费用预算。整个营销方案推进的费用投入，包括营销过程中的总费用、阶段费用、项目费用等。原则是以较少的投入获得最优效果。

⑧ 方案调整。该部分是策划方案的补充部分。市场瞬息万变，方案在执行时需随时根

据市场的反馈及时进行调整。

（6）结束语

结束语综述全文，以及策划者对本次策划实施后的预期和策划可行性的肯定。

（7）附录

附录主要是对策划书进行补充说明或证实的相关资料。

例文阅读

例文一

辩论赛策划书

古人言：方块字是中国文化的根，是华夏五千年的魂。而承载这方块字的，早已由古时的龟甲竹简，变成了现在的白纸素笺。这是文明的延续，是历史的传承。尽管，记载文字的方式千变万化，但不变的是华夏千年的语言，是我们称之为汉字的骄傲。三国时代，就有“舌战群儒”的诸葛孔明；明清之际，又有“铁齿铜牙”的纪大学士。所谓辩则思，思则辩。华夏千年文化，就是在这样不断“辩”的过程中被发扬光大的。

在当今这个快节奏的社会里，什么样的人才是最不可或缺的？答案很明了，肯思辩、有上进心的综合性人才！而这样的人才通常具有干练、稳重、上进等一系列的优秀品质，不仅如此，他们也具有好的口才，肯思，肯辩。因此，好的口才和纯熟的辩才是助你敲开成功大门的敲门砖，是竞争上不可忽视的软实力。

在五四青年节到来之际，一场“我思，故我辩”的视听盛宴即将拉开帷幕，那些带着热情、带着活力的莘莘学子将绽放更加璀璨夺目的光芒。加入我们汉语国际推广公司的辩论赛吧！我们将为您带来一场完美的视听盛宴。

一、比赛宗旨

本届辩论赛将继续延续“思辩文传”的风格，旨在将“博学于文，奋斗于传”的思想推广发扬，将这股文学思辩之风推及整个校园。丰富同学们的课余生活，活跃校园气氛，开拓当代大学生的思想，提高文学素养，体现当代大学生朝气蓬勃，积极向上的精神状态，培养和发掘辩论人才，为同学们展示自我、突破自我提供一个广阔的平台，秀出风采。

二、比赛口号

论思辩风采 展口才魅力

我思，故我辩

三、主办单位

四川大学锦城学院文学与传媒系

四、承办单位

汉语国际推广公司

五、比赛时间（略）

六、比赛地点（略）

七、工作安排

1. 工作事项：确定各个执行部门的工作，包括策划、外联、宣传、报名和现场。

① 策划：本次辩论赛的前期策划、比赛选题、比赛用PPT等。

② 外联：负责活动经费的筹集以及邀请评委嘉宾，为本次比赛的重中之重，应着力邀请相关专家、领导及往届的最佳辩手和优秀辩手。

③ 宣传：海报制作、报名表准备、比赛进程的宣传等。

④ 报名：报名接待、参赛队伍的通知工作等。

⑤ 现场：分数统计和评分表等相关工作。

2. 工作安排人员一览表。（略）

八、活动安排

（一）前期宣传与报名事宜

① 前期宣传：海报宣传、各系宣传、广播宣传、贴吧宣传等。

② 网络报名：可将报名表以及参赛事宜发布至校园网上，学生可填写表格后电邮到选拔组组员邮箱参与报名。

（二）赛事安排（初赛、复赛、决赛、每场比赛环节设置及具体流程）

1. 赛制安排：大赛分为初赛、复赛和决赛三个阶段。预计开赛时间在10月左右。

2. 赛程安排：报名结束后，选拔组负责通知选手进行抽签，选择辩题和分组以及出场顺序。预计一天内结束。选手分组后各自准备辩题，预计时间为2天。每天中午12：30开始，每天一场。比赛时间为45分钟。初赛获胜队伍晋级复赛，以此类推。复赛决出两支队伍晋级决赛。剩下两支队伍决出三、四名。

3. 比赛流程：每场比赛时间规定为45分钟，分开篇立论、攻辩阶段、自由辩论和总结陈词四个阶段。

具体流程如下：

① 主持人入场宣布比赛开始。

② 选手出场。

③ 正方发言。　　4分钟

④ 反方发言。　　4分钟

⑤ 辩论开始。

⑥ 开篇立论：正方一辩。　　3分钟

⑦ 开篇立论：反方一辩。　　3分钟

⑧ 攻辩阶段：正方一辩向反方一辩和反方二辩共提出三个问题（每次提问不超过10秒，每次回答不超过20秒）。　　1分30秒

⑨ 攻辩阶段：反方一辩向正方一辩和正方二辩共提出三个问题（每次提问不超过10秒，每次回答不超过20秒）。　　1分30秒。

⑩ 小结阶段：正方三辩。　　　　　　　　1分30秒。
⑪ 小结阶段：反方三辩。　　　　　　　　1分30秒。
⑫ 自由辩论：双方开始进行自由辩论。　　双方各5分钟。
⑬ 总结陈词：反方四辩总结陈词。　　　　4分钟。
⑭ 总结陈词：正方四辩总结陈词。　　　　4分钟。
⑮ 观众互动阶段。　　　　　　　　　　　5分钟。
⑯ 评委点评。
⑰ 主持人宣布评定结果。

4. 奖项设置：每场比赛的胜负判断由五个评委的综合评定决定，分数最高者获奖。单场优秀辩手只作为个人奖项的评审依据，与判断每场胜负无关。

5. 评分标准：团队部分，按全国大专辩论赛的通行办法，总分共300分，设置观众提问，由席下观众向任何一方自由提问，提问时间不超过30秒（问题数目不超过两个，由评审团决定问题是否有效），回答时间不超过1分钟，根据评委给分作为附加分，最高分为3分；个人部分，即最佳辩手，总分100分。

6. 参赛要求

① 每个参赛队领队、队员仔细阅读本次辩论赛方案，熟悉有关赛程安排。

② 每个参赛队于每场比赛开始前20分钟到达比赛现场（迟到15分钟者取消参赛资格），以利于组委会对赛事统筹安排，确保比赛准备工作顺利开展。

③ 每场赛前做好细致的准备工作，以利于辩手在比赛中发挥良好的水平。

④ 遵守比赛纪律和规则，服从工作人员的安排，尊重评委评判，如有不同意见者，赛后请与组委会联系。

九、经费预算

1. 前期宣传。（略）
2. 活动期间。（略）
3. 其他开支。（略）

十、突发情况预处理（略）

十一、附件

附表一：团队评分标准（略）
附表二：个人评分标准（略）
附表三：评委打分表（略）

例文评析：该活动策划书要素齐全，内容完整，考虑周全，体现了策划者在撰写和制作活动策划书时，已经有了相对成熟的思维模式，既有一定的整体观，同时还能关注很多细节，可操作性较强。

从内容角度而言，辩论赛涉及的人、事、物三方面都在策划书中进行了很好地体现，尤其是辩论赛策划工作中的“重中之重”，即辩论程序的制定、辩论规则的制定，以及评判规则的制定，体现出策划者对辩论赛已经有了充分的认知和很高的把控能力。

活动成功的关键是事先能考虑到各种有可能出现的状况并做好充分的准备，在这方面，本策划书在第十部分专门提出“突发情况预处理”，表明在考虑事情方面已经很周全，因而提高了活动成功的概率。

例文二

一个应届生的求职策划书

李贵君

摘要：人即产品，特别是对于营销人而言，一个即将就业的大学毕业生如何从众多求职者中脱颖而出，成功走向角色的转变？写一份求职策划书，且看胜算如何？

引 言

我是一匹狼
——一个营销人的宣言
我是一匹精悍自豪的狼
饥饿中透露着对成功的渴望
没有业绩就去死吧
营销人是以业绩论英雄的
没有创新就改行吧
营销人是以创新定输赢的
我奔驰在大山长川，四处找寻
为了理想，为了心愿
前方的路也许会有迷茫
人生的脚步也许会有彷徨
但我愿意保证
我可以为了所爱而愈挫愈勇
也可以为了理想而孤军奋战

经过四年的大学生活，即将面临毕业，如何让自己在众多求职者中脱颖而出，在用人单位面前让人有眼前一亮的感觉，顺利从一个学生转变成为一个优秀的职场人士，事先的分析和筹划就成为必不可少的工作。独到性、创意性永远是笔者追求的目标，求职也不例外，笔者试着将自身作为一个产品，综合利用各种分析、定位、战略、战术手段，希望达到快速成为市场领先者（即在最短时间内找到理想的工作）的目标。

第一部分　市场分析

一、市场背景分析（就业环境分析）

本年度普通高等院校将有应届毕业生105万，其中湖南省为5.8万，较上一年稍有增长。

☆ 普通高校毕业生基本上为并轨生，已从统招统分走向自主择业，双向选择。

☆ 国内经济开始从国际金融危机的阴影中逐步走出，就业形势看好。

☆ 知识经济兴起，对人才的信息化提出了更高的要求。

☆ 世界经济一体化趋势加强，对人才的国际化提出了更高要求。

☆ 中国企业正从生产型、推销型组织向营销型组织转化。

二、购买者分析（招聘单位分析）

招聘单位可分为四种类型：傻帽儿型、实惠型、混混型、苛刻型。各类型用人单位的特征如下表分析。

	不要马儿跑得好	要马儿跑得好
给马儿吃好草	Ⅰ傻帽儿型 不要马儿跑得好，却给马儿吃好草	Ⅱ实惠型 先要马儿跑得好，后给马儿吃好草； 或先给马儿吃好草，后要马儿跑得好
不给马儿吃好草	Ⅲ混混型 不要马儿跑得好，也不给马儿吃好草	Ⅳ苛刻型 又要马儿跑得好，又要马儿不吃草

从现实看来，傻帽儿型以一部分目前效益较好的国有企业为主，这种用人单位是不多的，也不可能存在太长时间，竞争的压力很快就会让其失去生存的机会，对于本人而言，这种企业也不是理想的安身之所，对之排除在外。

苛刻型的企业以一小部分私营企业为主，这种单位又要马儿跑得好，又要马儿不吃草，一切从自我出发，从不考虑职员利益与其发展的要求，不大可能招到理想人才，也不大可能保持持久生命力，这种企业也不是理想的组织，本人不予以考虑。

混混型企业以相当部分的国有企业为主，提供较低的薪资，也不要求职员实现很好的业绩，对市场竞争漠不关心，对市场情况反应迟钝，这种企业也不具竞争优势，本人不予以考虑。

实惠型企业又可分为两类：先要马儿跑得好，后给马儿吃好草；或先给马儿吃好草，后要马儿跑得好。前一类以一些优秀的民营企业、已市场化的国有企业为代表；后一类以一些优秀的三资企业为代表。实惠型企业能较好地同时实现企业与个人的目标，是理想的单位，本人只考虑加入此种企业。故以下仅针对此类作进一步分析。

☆ 招聘单位逐渐重视人才的综合技能，从单纯重学历走向既重学历又重能力，既看文凭又看水平。

☆ 对于营销人员的选择上，倾向于选择能真正认同营销价值的人员。

☆ 招聘单位对人才的使用有两种方式：长期利用型，愿意从应届毕业生中挑选，愿意长期培训；短期利用型，不愿意从应届毕业生中挑选，不愿意长期提供培训。

☆ 由于营销专业是近十年才从国外引进的一个专业类别，招聘者中科班出身的少。

☆ 沿海地区招聘一般有三关：初试、复试、终试；内地招聘是两关：初试、终试。

☆ 招聘单位对人才的第一印象较为看重。

三、竞争对手分析（其他求职者分析）

从购买者（用人单位）的角度来看，市场上的产品（人才）有两大类：经验人士和应届生。对于经验人士而言，有着多年的专业与行业的积累，执行力强，市场操作经验多，能够快速地达到企业对岗位的要求，是有相对优势。但应届生也有自身的优势所在，对薪资的低要求，具有较强的可塑性，刚出道时的激情和较高的忠诚度也成为企业必需的人才，相对经验人士而言，在不同层面进行竞争，有着良好发展前景。

由于本人为应届毕业生，定位于营销事业，故直接竞争者为其他应聘营销岗位的应届毕业生。

直接竞争者可分为以下几类：第一类为非名牌大学营销专业者；第二类为名牌大学营销专业者；第三类为名牌大学非营销专业者；第四类为非名牌大学非营销专业者。

☆ 第一类人才综合技能一般，有专业基础，认同营销的价值，对本人构成一定威胁。

☆ 第二类人才综合技能高，专业基础扎实，认同营销价值，是本人的最大竞争对手，应极端重视其竞争优势。

☆ 第三类人才缺乏营销专业知识，营销观念不强，难以认同营销的价值。除少部分人外，一般而言选择营销事业是不得已而为之，是在没有找到合适工作时的权宜之计。一旦有自己心仪的工作机会或在营销工作中遇到挫折就会立即辞职。但由于名牌大学一般均有较宽的知识面，有较强综合技能，对本人有一定的威胁。

☆ 第四类人才综合技能一般，无专业基础，难以认同营销的价值，对本人构成的威胁较小。

四、市场需求预测（就业前景分析）

WTO的加入使营销竞争从国内竞争走向国际化竞争，对国际型营销人才需求加大。

☆ 知识经济的兴起，引起了对网络人才的巨大需求。对一般营销人才的需求而言，实际量仍在增长，但增长速度逐步趋缓。

☆ 经济的复苏，引起了对营销人才的巨大需求。

☆ 国际国内企业对营销工作的重视，引起了对营销人才的巨大需求。

☆ 从广东、江浙、京津等经济较为活跃的一些地区反馈的信息来看，营销专业较为紧缺，有较大需求。

☆ 较多企业倾向于选择综合技能较好，又能认同其价值的毕业生作为其营销人员。

☆ 从本人毕业的学校来看，是国内最早引进营销专业的高校之一，口碑较好，社会对本校本专业需求较大。

五、SWOT分析

优势点：

☆ 认同营销对社会的巨大价值，拥有先进的营销理念，愿意为营销事业奋斗终生。

☆ 有较强的综合技能，书面、口头表达能力出色。

☆ 有一定的外语、计算机技能（英语四级、计算机二级）。

☆ 专业基础扎实，拥有以营销学科为核心、其他相关学科为补充的合理知识结构。

☆ 有较高市场分析能力，参加过较好的市场调查活动，并掌握了一些先进的市场分析工具。

☆ 有较多营销实战经验，参加了湖南省内多家企业的营销策划活动，并利用课余时间参与了一系列的产品销售活动，提出了许多有建设性的建议，并有一部分为相关单位所采纳，拥有一定实操能力。

☆ 对沿海地区人文、地理均较为熟悉。

☆ 对一些区域文化有一定的了解，能用粤语、湖南方言、川系方言自由交流。

☆ 有创新精神，能用新方法、新的观点影响他人。

☆ 智商、情商较高，逆商特高。

☆ 身体健康，吃苦耐劳。

劣势点：

☆ 营销自身的资金有限，包括现金、存折上的资金目前仅有人民币1 450元。

☆ 英语未过六级，口语及听力水平均不高。

机会点：

☆ 社会对营销人才有巨大的需求。

☆ 卖方市场到买方市场的进一步转化，促使营销成为企业工作中的重中之重。

☆ 营销专业是近来新兴的专业方向，之前科班出身的人才较少，目前这一专业的应届生也不多，竞争不大。

☆ ××商学院营销专业为重点专业，为社会各界看好。

威胁点：

☆ 营销观念在社会上的进一步普及需要一定时间，企业经营层离重视营销的理念也还有一定差距，影响了营销人员在企业中的话语权。

☆ ××商学院为新合并成立不足6年的普通高等院校，在省外知名度不高。

第二部分　营销战略、战术

一、目标市场细分

企事业性质细分：企业单位、事业单位。

行业细分：消费品企业、工业品企业、咨询公司。

地区细分：沿海、内地。

所有制性质细分：国有、私营、三资。

二、市场定位

专业定位：专业的营销人才，熟悉市场分析，拥有敏感的市场觉察力，良好的传播理念与市场操作能力。

内涵定位：崇尚“心灵交汇，创意生活”，注重人与人之间的沟通，融合各环境要素，以稳求存，以奇制胜。

三、目标市场选择

选择企业单位；选择消费品企业或咨询公司；选择私营或三资企业；选择沿海企业。

所选择企业还要满足以下条件：第一部分所指的实惠型企业；前景较好的企业；求贤若渴的企业；近期局面较好的企业；有完整人才培养机制的企业。

四、营销战略

可用一句话来概括：一心两用，三纲四目。

一心：一心用于营销事业。

两用：其一用于完善人生，其二用于回报社会。

三纲：第一纲，营销业务纲，熟悉业务工作，在业务上达到同龄人中佼佼者；第二纲，营销管理纲，在业务经验成熟时进入营销管理岗位，将自己的经验传授给新业务人员，打造一支优秀的营销队伍；第三纲，营销策划纲，在进行营销管理的同时，注重营销策划，策划好整个工作。

四目：即四个五年目标。第一个五年目标：收入目标，一年后达到年收入50 000万元，三年后达到年收入100 000元，五年后达到年收入200 000万元；第二个五年目标：利润贡献目标，一年后个人为企业创造利润200 000万以上，三年后个人为企业创造利润500 000万以上，五年后个人为企业创造利润达1 000 000万以上；第三个五年目标：知名度目标，五年后在同行业达到较高知名度，拥有一定的市场地位；第四个五年目标：职位目标，五年后进入企业营销部门高层领导行列。

五、4PS策略

（一）产品策略

规划出本人作为一个求职者的核心产品在于创新工作能力，不屈不挠的奋斗精神，强烈的上进心，优秀的团队合作思想与旺盛的再学习动力。

（二）价格策略

① 两年内底薪2 000元以上，月总收入4 000以上。

② 两年后底薪3 000元以上，月总收入6 000以上。

③ 五年后底薪10 000元以上，月总收入18 000以上。

（三）分销渠道策略

① 通过参加长沙、广州等地人才交流会推广自己。

② 通过网上招聘形式推广自己。

③ 通过参加校内人才交流会推广自己。

④ 通过导师、亲友等人员介绍自己。

（四）广告与促销策略

① 广告：形象广告，树立良好形象，获得用人单位的青睐；保持整洁得体的服饰；演练

动人的演说；书写求职策划书一份，以创意性观点，差异化诉求寻求用人单位的注意与赏识；宣传资料，印发求职材料十份；利用整理自己在一些专业媒体发表的作品作为免费广告载体，宣传自身的专业性。

② 人员推销：利用自身特点，结合对方需要，主动上门推荐自己。

③ 试用品推广：以优惠价格试用三个月。现场产品演示，在面试时充分表现自己的优势点。

④ 公共关系：积极参与社会公益活动，向用人单位展示自己的社会责任心，保持良好形象。

六、补充新知识，新经验的策略

为保持持续的核心竞争力，本人仍须从以下几个方面不断提高。

① 阅读有关营销的书籍。

② 向优秀的营销人员学习先进的营销思维。

③ 继续锻炼与人交往的技巧。

④ 继续培养情商。

资料来源：中国人力资源开发网，http://www.hr.com.cn/.

例文评析：这是一位学生撰写的4 000字的市场策划书，凭着这份策划书，不靠任何关系和门路，给自己闯出一条路。

综合训练

1. 结合自己的实际情况，将《一个应届生的求职策划书》改写为自己的求职策划书。
2. 仿照例文，撰写一份个人职业生涯规划。

任务三　总 结

情景模拟

这几天，小李忙着写公司团委工作汇报，应该说这是一项常规工作。每到年终，不仅公司要写总结，党政机关、企事业单位、社会团体，都要对一年的工作进行回顾，分析研究取得的成绩和存在的不足，并从中获得经验和教训，以此指导今后的工作，有些单位的年终总结还会影响年终奖金的收入。

训练目标

通过本任务的训练，掌握总结的规范写法，体味例文，模拟写作，培养撰写总结的能力。

知识要点

1. 总结

总结是对过去一定时期的工作进行回顾，分析研究找出规律性的认识，用以指导今后工作的文书。

2. 总结的特点

总结具有实践性、概括性、指导性的特点。

3. 总结的种类

总结可分为综合性总结和专题性总结。

4. 总结的写作结构

总结一般由标题、正文和落款三部分组成。

（1）标题

综合性总结的标题一般采用“总结单位+总结时限+文种”。专题性总结的标题则较为灵活。为了使重点突出，也可采用正副双标题的形式，正标题揭示总结的主题，副标题指明总结的内容、单位、时间等。

（2）正文

总结的正文一般包括工作概况、经验体会、存在的不足、今后打算等几个方面。工作概况是总结的开头部分；经验体会是总结的主体部分，也是总结的重点，是对工作成果和经验的分析归纳；存在的不足要简明，但不能含糊；今后打算要简明扼要，切实可行。

（3）落款

落款要写明总结的单位和时间，如标题中已标明总结的单位名称，落款中可以省去。

5. 总结的写作注意事项

写总结时，要注意实事求是，重点突出，归纳出规律性的东西，不能写成“流水账”。叙议结合，以叙为主，条理清晰，结构严谨。

例文阅读

2014年上半年经济工作总结

2014年是××区的“社区建设年”，在区委、区政府的正确领导下，我办按照市、区经济发展的新思路，树立“大服务”、“大城管”、“大发展”观念，以经济建设为中心，大力推进城市社区建设，通过整合社区资源，发挥“三个主体”作用，促进属地经济与社会的协调发展。半年来，经过全办干部职工的共同努力，狮山经济工作取得了一定的成绩。

一、今年上半年的主要经济指标完成情况分析

（略）

二、主要做法

取得以下成绩，我们的主要做法如下：

（一）领导重视，认识到位

（略）

（二）狠抓招商引资

（略）

（三）以小区物业市场化运作为契机，发展城市经济

（略）

三、存在的问题

从1—6月份各项指标构成以及对具体企业的调查分析看，我办对经济形势不能盲目乐观。存在的问题主要如下：

（略）

四、当前要突出抓好的几项工作

（略）

××区狮山办

20××年8月11日

例文评析：这是一份按“板块式”结构写成的时段性经济工作总结。正文由经济工作开展的背景、完成情况、取得的成绩、主要做法、存在的问题以及当前的工作重点等部分组成。文章思路清晰，有一定的思想深度，写出了做法经验，找出了存在问题，明确了努力的方向。善用数字说明，语言准确，层次分明，是一篇写得较好的经济工作总结。

综合训练

结合个人实际情况写一篇个人学习经验总结，要求全篇用小标题结构。

任务四　述职报告

情景模拟

已担任业务部经理的李华这几天颇感为难。根据公司人事管理的有关规定，到年底，公司的每位干部都要进行述职。对自己在任职期间的德、能、勤、绩等情况做自我定性、自我评估、自我鉴定。这是一件非常严肃的事情，既要对自己负责，也要对公司负责，还要对员工负责。

训练目标

通过本任务的训练，掌握述职报告的规范写法，体味例文，模拟写作，培养撰写述职报告的能力。

知识要点

1. 述职报告的定义

述职报告是领导干部向主管单位或本单位群众陈述自己任职期间内的工作情况的自我评述性报告。

2. 述职报告的特点

述职报告具有自我评估、自我鉴定性；在内容上具有纪实性，要实事求是，不能弄虚作假；在表达上具有直陈性，以叙述为主的特点。

3. 述职报告与总结的区别

总结是总结过去，展望未来，对作者职务或职称的升迁不一定构成直接影响；述职报告是为了便于上级组织考察述职人，对作者职务或职称的升迁可能构成直接影响。

4. 述职报告的写法

述职报告一般包括标题、称谓、正文和落款。

（1）标题

述职报告的标题一般有三种，第一种只写文种；第二种由述职人、期限、文种构成；第三种由正副标题构成。正标题为文种，副标题交代述职的时间和地点。

（2）称谓

称谓根据述职的对象而定。

（3）正文

正文包括前言、主体、结尾。

① 前言分为三个层次。第一层，总述自己的姓名、职务、任职时间、任何职务、分管工作、岗位职责的目标任务，履行岗位职责取得的主要成绩；第二层，总评，即对自己工作尽职情况的自我总体评价，以此确定述职的范围和基调；第三层，交代主旨，用转接语引导下文并点明行文意图，“根据××的要求，现将本人任职期间的情况报告如下”。

② 主体写工作业绩。这一部分是述职报告的核心部分。陈述业绩应突出思想政治素质和业务实绩。这一部分注重介绍任职期间履行职责的具体情况，主要包括工作业绩、工作量等情况，应写得具体充实，言之有物，有说服力。

③ 结尾写存在的主要问题及今后改进的意见和措施，明确今后的努力方向。

结束语一般可用“以上述职，请予审查”，“述职完毕，请批评指正”。

（4）落款

在正文右下方写明述职人，下行写明述职日期。

5. 述职报告的注意事项

述职报告要紧紧围绕“职责”写，既要突出政绩，又要评价正确适当。要以个人为主体，表现出个人的气质和贡献。

例文阅读

××区政府办公室副主任述职报告

尊敬的各位领导：

20××年5月，组织任命我为政府办副主任，主要负责政府督察、接待、调研、材料综合、法制、民族、宗教、侨务等工作。在此期间，我紧紧围绕区委区政府中心工作，充分发挥职能作用，大胆创新，不断改进工作方法，提高工作效率，增强工作的系统性、预见性、科学性，较好地完成了各项工作任务。办公室先后连续获得文明科室称号，20××年全市第五届少数民族优秀组织奖等荣誉，连续两年获得优秀提案办理先进单位；我个人20××年4月被省年鉴研究会评为优秀撰稿人，连续两年被评为区优秀提案办理先进个人，20××年被区委授予优秀共产党员称号。现将两年来的工作情况，从以下四个方面，简要汇报如下：

1．开拓创新，理清工作思路。办公室作为政府的综合协调部门，工作服务对象既对领导，又对科室，还直接接触群众，工作任务繁杂而艰巨。为此，我坚持实践第一的观点，牢固树立创新观念，强化奉献意识、参谋意识、勤政意识、窗口意识和进取意识，不断创新办公室工作思路。我提出把调研、督察、服务作为办公室的中心工作，全面推进各项工作的开展。

一是抓调研，提供决策参考。（略）

二是抓督察，推进工作落实。（略）

三是抓服务，树立工作新形象。（略）

2．求真务实，开创工作局面。工作中，我注重把握根本，坚持抓大事，抓关键，推进办公室工作迈上新的台阶。

一是认真办文。（略）

二是严格办会。（略）

三是细心接待。（略）

四是强化管理。（略）

3．加强协调，形成工作合力。办公室是政府机关的一个特殊群体，是服务政府的“外脑”和联系基层部门的“桥梁”，既要上情下达，又要下情上呈。因此，我特别注重加强协调。

一是加强内部协调。（略）

二是加强上下协调。（略）

三是加强横向协调。（略）

4．强化建设，树立一流形象。要做好办公室工作，必须有一支高素质的队伍，要带好队伍，领导必须做表率。因此，我坚持严格要求自己，注重以身作则，讲奉献、树正气、不摆架子、以诚待人，用人格力量带队伍，树一流形象。

一是注重思想建设，讲学习。（略）

二是锤炼作风，讲团结。（略）

三是爱岗敬业，讲奉献。（略）

四是健全制度，讲效率。（略）

两年来的工作虽然取得了一定成绩，但也存在一些不足，主要是思想解放程度还不够；政治学习抓得不紧；在服务上还有一定差距；在督办上还需要进一步加大力度。在今后的工作中，我一定认真总结经验，克服不足，努力把工作做得更好。

××区政府办公室副主任　王××

20××年××月××日

资料来源：中国论文联盟，http://www.lwlm.com/.

例文评析：这份述职报告职责明确，根据自己应履行的职责从四个方面进行了汇报，具有自我评估、自我鉴定性。在内容上具有纪实性。述职报告要实事求是，不能弄虚作假。在表达上具有直陈性，以叙述为主，直截了当地把做过的事情和取得的成绩写出来。

综合训练

下面是一篇学生会体育部写的工作总结，请改写成体育部长的述职报告

学生会体育部20××—20××学年第二学期工作总结

20××—20××学年第二学期，学生会体育部为了活跃校园文体气氛，丰富同学的课余生活，在开展学校群众性体育活动方面做了很大努力，并取得了一定的成绩，使以前有些单调沉闷的课余生活变得丰富多彩。

概括起来，体育部本学期主要做了以下四项工作。

一、严格早操考勤

由于部分同学在出操问题上存在着惰性心理，早操出勤率低的问题成了学校及体育部近年来最难解决的老大难问题之一。为此，在学校领导和学生科的指导下，体育部加强了对早操出勤的检查工作，对过去的考勤方法做了一些改动。把原来由各班体育委员各自检查，因此存在“讲情面”、出勤率“掺水份”的现象，从本学期开始，我们改为及时公布当天各班出操的情况，表扬出勤率高的班级，对各班个别经常缺操的同学，体育部列出名单，建议学校给予一定的处理。采取这些措施后，激发了同学们的集体荣誉感，早操出勤率有了较明显的提高。

二、因地制宜，开展多种体育竞赛

我们学校有1 600名学生，但运动场地很有限，没有正式的跑道、田径场、足球场，要组织体育竞赛困难不少。本学期体育部从实际出发，因地制宜，利用有限的场地，成功地举行了各种班际体育比赛。其中举行大型的全校性体育比赛有：××篮球联赛、女子乒乓球擂台赛、篮球对抗赛等。通过组织这些体育比赛，活跃了学校课余生活，并吸引了大部分同学参加。许多同学反映很好，对体育部组织的活动给予充分肯定。

三、与外校保持联系，互相交流经验

体育部除了在校内举行一系列比赛外，还与附近的供销学校共同组织体育竞赛活动。本学期与该校联系组织了第一届两校篮球流动杯赛、乒乓球对抗赛及象棋对抗赛。比赛采取互访的方式，轮流到对方校内举行赛事。通过组织比赛，不仅共同切磋球艺棋艺，而且互相交流工作经验，大大促进了两校的联系，活跃了两校的文体气氛，博得两校师生的好评。体育部计划今后除与供销学校继续保持联系外，也与邻近的第一商业学校取得联系，以便更好地开展校际体育活动及交流经验。

四、配合学校做好有关工作

体育部能主动向学校有关部门征求开展体育工作的意见，努力完成学校交给的各项任务。例如：及时召开各班体育委员及副班长会议，传达学校有关指示，通报各班体育锻炼情况；做好健身房管理工作；组织同学定期清扫乒乓球室、羽毛球室等。

本学期，体育部主要做了以上四方面的工作，成绩是主要的，但也存在一些薄弱环节，不少工作还有待进一步开展。工作的不足主要表现在以下几点：

1. 计划中的一些项目未能很好完成。

2. 工作主动性仍不够，一些具体工作还要在学校催促下才进行。

3. 经验不足，在开展工作中也发生了一些不愉快的事，如××级篮球联赛时，体育部未报经学校批准，就对××班篮球队骂裁判一事做出轻率处理。

以上几点在今后工作中应注意改进。

学生会体育部

20××年××月××日

任务五　简　报

情景模拟

刘丽去××市教委实习，没想到刚去就遇到一些小学生发生豆奶中毒事件，办公室非常忙碌，她插不上手。办公室老张忙不开手头的活，就叫刘丽帮忙写一篇简报。刘丽接到任务后有点发懵，简报究竟怎么写她还不太清楚。

训练目标

通过本任务的训练，掌握简报的规范写法，体味例文，模拟写作，培养编写简报的能力。

知识要点

1. 简报的定义

简报是单位内部编发的用来反映情况、传播信息、交流经验、指导工作的一种事务性文书。

2. 简报的特点

简报具有简要、真实、快捷、新颖的特点。

3. 简报的作用

简报主要用来向上级反映情况，向下属单位转达领导的意见，沟通所属单位之间的情况，一些大型会议也利用简报来交流情况。各级信息部门经常使用简报这个简便灵活的工具。

4. 简报的种类

① 会议简报。
② 情况简报。
③ 工作简报。

5. 简报的发行范围

简报通常在内部发行。

6. 简报的写作结构

简报通常由报头、报身（正文）、报尾三部分构成。

（1）报头

报头位于简报首页的上方，由分割线将报头与报身部分分开。报头由简报名称、期数、编印机关、编印日期四个必备要素构成。

① 简报名称。居中，字体稍大。除“××简报”外，还可命名为“情况反映”、“情况交流”、“简讯”、“动态”、“内部参考”等。

② 期数。印于简报名称正下方。

③ 编印机关。用全称或规范化简称印于分割线左上方。

④ 编印日期。印于分割钱右下方，要求年、月、日齐全。

除了以上四个要素，视简报内容和保密要求，还可增加简报编号、密级等要素。

（2）报身

报身也称报核，是简报的内容部分，由按语、标题、正文、署名等几部分构成。

① 按语。也叫“编者按”，位置在报头下、标题前，是表明编报机关编发意图和观点的言论，对刊发文章带有引导和指导作用。按语不可太长，一两句话即可，本身语意要独立完整。视需要使用，并非每篇必有。

② 标题。能准确揭示主题又能简短醒目。

③ 正文。可就报道的情况做具体展开，选用具体典型的事例、确切的数据、具体情况、有代表性的问题等材料，使主旨鲜明突出。正文结构可借鉴消息的“倒金字塔结构”，即将信息中最重要的内容放在最前面，次要内容稍后，最次要的放在尾部。“倒金字塔结构”的长处一是节省读者的阅读时间，二是便于编辑的编排修改。新闻六要素也同样适用：when（何时）、where（何地）、who（何人）、what（何事）、why（何故）、how（怎么回事）。

结尾常用简要的一句话或一段话结束全文，也可自然收尾。常见写法有：指出事实的意义，对全文进行概括小结；指明事情发展的趋势；提出建议或希望。

④ 署名。写在正文右下方，可以是供稿部门的名称，也可以是供稿者的姓名。

报身也可编写成诸多信息组合而成的集锦式简报，每则信息不设标题，只在第一段开头用一句话作为段旨，适用于大信息量的简报。

（3）报尾

报尾通常在简报末页下1/3处用分割钱与报身部分分开，写发送单位和印发份数。

7. 简报的写作注意事项

写作简报时要注意篇幅精悍、内容简明、重点突出、编发及时。

例文阅读

××市××区消协简报

第12期

××区消费者协会编印　　　　××××年××月××日

商品房的“水分”有多大

近期本协会对我区新建的19幢商品房进行了为期四十余天的走访、测量与调查，发现这19幢楼均存在质量不达标、夸大面积、设施不全等“水分”，尤其是其中两幢系不合格商品房。现将有关情况综述如下。

一、19幢的楼层居住空间的高度普遍未达到有关部门规定的2.8米，多数仅在2.7米左右，其中“甲9”、“甲11”、“乙3”三幢只有2.61米。

二、商品房的建筑面积普遍被夸大，平均夸大程度达4.8%，其中“乙2”、“丙2”两幢楼的夸大程度达5.4%。

三、墙体厚度普遍不达标准，在安全、隔音等方面都存在问题。

四、不少居民认为在楼房共用面积的计量方面存在诸多不合理之处，分摊的办法也很不合理。对此，有26户居民意见很大，其他31户居民表示只能勉强接受，居民曾就这些问题向有关方面反映，但一直遭到有关方的推诿、扯皮。

五、原定的配套设施，如自行车棚、花坛绿地等设施也均未建设。

上述情况，反映了目前我区新建的商品房存在的问题实在不小，希望有关部门加大监管力度，确实维护、保障住房消费者的权益。

（××）

送××市技术监督局

打印：×××　　　　校对：×××　　　　共印30份

例文评析：这份简报的标题采用提问式造成悬念，很引人注目，使人产生通过阅读寻根问底的欲望。导语部分简要概述了不合格商品房的基本情况，突出商品房存在着质量不达标、夸大面积、设施不全等“水分”。正文则从商品房的高度、面积、质量、设施几个方面，具体加以说明。全文由面及点，有事实和统计数据，材料充实有力。叙述简明扼要。结尾呼应题旨，对商品房存在的“水分”做了不容置疑的论断，使全文结构紧凑、完整，主旨鲜明突出。此外，简报格式规范。

基础训练

填空题

1. 简报的报头一般包括__________、期数、__________、__________等部分。
2. 简报的特点有__________、__________、__________、__________。

拓展训练

分析并修改下面简报报头的格式

金融简讯（第×期）

标题

20××年5月10日　　　　××人民银行行长办公室

综合训练

请根据刘丽收集的材料，完成一篇简报。

（1）9月4日上午，××市第九小学喝过豆奶的学生出现肚子疼、腹泻等症状。学校感到事态严重，遂通知老师对喝过豆奶的学生进行观察，并将病症严重的学生送至医院。

（2）从9月3日开始，××公司开始给学生配置豆奶食品。共有14 000名学生饮用，其中××市第九小学有1 000多名学生。

（3）9月，××市××公司所配送豆奶的12所小学数千名学生饮用不洁豆奶引起肠胃疾病。

（4）9月6日，事态越来越严重，××公司所配送豆奶的小学越来越多的学生发生不良反应，纷纷住进医院。

（5）事件发生后，省市领导非常重视，亲自过问此事，并做出重要指示。××市政府有关部门对此连夜召开专题会议，研究对策。

（6）据××市卫生监察所检测，这批豆奶含有痢疾杆菌。

（7）9月7日下午，××省副省长刘××在省卫生厅领导的陪同下，到××公司职工医院，对接受治疗的学生表示慰问。

（8）目前，大部分就诊学生经治疗后，病情得到了缓解。××学校教学秩序正在恢复中。

（9）××小学统一采购的××公司生产的豆奶不是省政府“大豆计划”指定的生产单位。××小学这一行为也未得到省政府有关部门的批准，属于违章操作行为。

（10）市教委曾经下文规定，本省学生喝的豆奶必须是省政府“大豆计划”办公室指定的专业企业生产的产品。

（11）××公司现已为学生支付了20多万元的医疗费。公司已被公安和卫生部门依法查封。

（12）豆奶由××有限公司负责生产、配送。3日送来的豆奶，第二天就突然变味了。

（13）至7日上午10点，已有约2 000名学生陆续被送进××职工医院、××儿童医院等医院治疗，医院门诊里挤满了正在输液的学生。

任务六 讲话稿和演讲稿

情景模拟

李青毕业后被本市一家外企留用，一年试用期满后，因为她工作踏实、勤奋，文笔流畅，所以留在办公室做秘书工作。这可是同学们羡慕的“白领”。但是工作一段时间后，李青发现，这份令人羡慕的工作并不像想象的那样悠闲自在。这不，国外总公司的大老板要来公司考察，李青除了做好各种接待准备，还要为经理准备一份在正式欢迎会上的讲话稿。

训练目标

通过本任务的训练，掌握讲话稿和演讲稿的规范写法，体味例文，模拟写作，培养撰写讲话稿和演讲稿的能力。

知识要点

1. 讲话稿

讲话是领导者为了开展工作，在各种会议上所作的指示性发言。讲话稿可分为工作性讲话稿和礼仪性讲话稿。

（1）工作性讲话稿

① 工作性讲话稿的定义：是领导人在会议上对重要工作加以阐述、评价或鼓动的议论

性讲话文稿，能起到表现会议主题、促进工作发展的作用，是一种重要的会议材料。一般包括总结性讲话稿、指导性讲话稿和号召性讲话稿等。

② 工作性讲话稿的特点：指导性、目的性、鼓动性。

③ 工作性讲话稿的写作注意事项。

处理好三个关系：权威与平易；庄重与幽默；深入与浅出。

应注意三个问题：避免雷同；独树风格；适当调剂。

④ 工作性讲话稿的写法：一般由标题、签署、称呼、正文四部分组成。

- 标题。标题可分为三种，分别是：由讲话人、会议名称和文种组成，并在标题下方注明讲话日期，用圆括号括住；由会议名称和文种组成；只标主旨。
- 签署：在标题下方注明讲话人的姓名及日期，也可将日期写在文末。
- 称呼：要将与会人员全部包括进去，同时要分清主次顺序，以示尊重，并镇场。
- 正文：一般由开头、主体、结尾组成。开头或阐明讲话主题，或交代讲话背景，或祝贺慰问，或提出问题引起注意；主体围绕一个主题有条理地展开，言之有物，言之有序；结尾总括全文，或概括、或号召、或鼓动。

（2）礼仪性讲话稿

① 礼仪性讲话稿的定义：是指在各种正式公众场合由相关领导向听众发表的讲话，包括祝贺词、欢迎词、欢送词、告别词、答谢词、颁奖词和悼词等。

② 礼仪性讲话稿的特点：礼仪性，言辞文明礼貌，大方得体；真诚性，态度诚恳，语言朴实文雅。

2. 演讲稿

演讲是在特定的环境中，借助有声语言和态势语言，针对现实生活中的某个问题，向听众发表意见、抒发感情，从而达到感召听众的一种现实的社会实践活动。

（1）演讲稿与讲话稿的区别

演讲者往往代表个人，在公开场合发表个人观点和主张，语言注重活泼、形象、生动；而领导讲话稿代表的是一级组织，内容着重于公务管理，语言要求庄重朴实。

（2）演讲稿的写作要求

① 了解听众，有的放矢。
② 观点鲜明，感情真切。
③ 行文变化，波澜起伏。
④ 语言流畅，深刻风趣。

（3）演讲稿写作的注意事项

① 口语化。
② 通俗易懂。

③ 生动感人。
④ 准确朴素。
⑤ 控制篇幅。
⑥ 认真修改，精益求精。

（4）演讲稿的写作结构

演讲稿包括标题、开场白、主体和结尾几部分。
① 标题点明中心，感情鲜明。
② 开场白要短小精巧，新颖诱人，充满激情。
③ 主体要简明清晰，高潮迭起，精辟感人。
④ 结尾要揭示题旨，鼓起激情，言简意赅，耐人寻味，戛然而止。

3. 自我推荐

自我推荐是接受招聘面试者的要求而进行的自我介绍，是面试者突出优势和特长，展现素质的大好机会。

由于面试的场合不同，要求介绍的时间也不一样，一般有一分钟、三分钟、五分钟等不同时段。一分钟的介绍以基本情况为主，包括姓名、学历、专业、特长、家庭状况等，介绍时要表述清晰；三分钟的介绍除了基本情况之外，还要加上工作动机、主要优点缺点等；五分钟的介绍，还可以谈自己的人生观，说些生活趣事，举例说明自己的优点等。

自我推荐要适当地展示个人的才干和魅力，并掌握以下几点原则。
① 开门见山，简明扼要。
② 实事求是，不可天花乱坠。
③ 突出长处，但也不隐瞒短处。
④ 所突出的长处要与应聘的职位有关。
⑤ 善于用具体生动的实例来介绍自己。
⑥ 介绍完后，可以问考官还想了解关于自己的什么事。

4. 竞聘演讲

竞聘演讲是为了展示自己、推销自己，让听众了解自己，从而获得支持、赢得选票所进行的演讲。竞聘演讲稿要体现出目标的明确性和内容的竞争性，写作内容一般如下。

（1）开头

开头部分为制造友善和谐的气氛，应该以“感谢给我这样的机会参加竞聘，恳请评委或与会同志指教”等礼节性致谢辞导入正题。

（2）主体

主体部分围绕以下几方面展开。

① 介绍个人简历。一是简明介绍竞聘者的自然情况，如姓名、籍贯、出生日期、求学经历，使评委了解竞聘者的基本条件；二是对自己与竞聘岗位有关联的工作经历、资历做出系统详实的说明，便于评审者比较与选择。

② 说明竞聘条件，包括政治素养、管理能力、业务水平以及才、学、胆、识各方面的条件，竞聘条件是决定竞聘者是否被聘任的重要因素，应重点强调。

③ 提出施政目标，施政构想，施政方案，要求客观、明确、先进，具有可操作性。

（3）结尾

结尾部分一般要写出自己竞聘的决心和信心，请求与会领导和代表考虑自己的愿望和请求，应恳切有力。

例文阅读

例文一

在20××年度集团总结表彰大会的讲话

（20××年1月5日）

各位领导、各位员工：

今天，集团公司在这里隆重集会，表彰在20××年度工作中表现突出的“优秀经理”、“集团级优秀员工”和“公司级优秀员工”。首先让我代表董事长×××先生及集团公司领导班子全体成员向获得表彰的经理和员工们表示热烈的祝贺！向大家一年来在各自的工作岗位上取得的优异成绩表示热烈的祝贺！同时，我还要向奋战在集团公司各个部门、各个工作岗位上的全体员工对集团公司的发展所做出的贡献表示衷心的感谢！

过去的一年，在集团公司的发展历史上是具有里程碑意义的一年，是集团公司实现跨越式发展的一年，是集团全体员工经受考验的一年。在这一年里，以“三峡花园”一期胜利建成交用为标志的集团各项业务得到了长足的发展，以“磨炼意志、锻炼队伍、培养人才、创造业绩”为目的的企业员工队伍建设取得了阶段性的成果；以“树立正气、提倡奉献、发展企业、回报社会”为目标的企业文化建设得到了全体员工的共识。这些成就的取得，凝聚着在座各位的辛苦、汗水和心血。

20××年，集团涌现出了一大批表现突出、成绩斐然的优秀员工。今天，我们在这里隆重表彰的“优秀经理”、“集团级优秀员工”和“公司级优秀员工”是经过各单位全体同仁层层推荐、民主评议评选出来的。他们的出色工作，为我们树立了榜样。我想，我们集团公司各项事业之所以能够取得如此优异的成绩，正是得力于我们集团有一个严格按照市场规律运作的运行机制，得力于我们有一批团结一致、勇挑重担的管理骨干；得力于我们有一支兢兢业业、埋头实干的员工队伍。这是我们集团在激烈的市场竞争中蓬勃发展、不断壮大的基础。这些正熔铸成我们的企业精神，正形成我们独特的企业文化。

今年，面对严酷的市场竞争和国家对房地产宏观调控政策的不断落实，我们将经受更多、更严格的考验。因此，我们必须以百倍的努力，扎实的工作，在激烈的市场竞争中立于不败之地。20××年，我们要继续完成好“三峡花园”二期开发建设任务；要继续加强企业文化建设，加强企业制度建设和内部管理。目前，要认真回顾、反思集团公司发展过程中的教训，总结经验，弥补不足。我们相信，只要我们团结一致，按照集团公司的整体部署，理清思路，开拓进取，精益求精，扎实工作，20××年的工作任务一定能够顺利完成。

谢谢大家！

例文评析：这是一篇工作性讲话稿，开头引出会议的缘由，向被表彰人员致贺，并向全体员工致谢；中间部分回顾表彰背景、被表彰人员的成就，兼顾全体员工；结尾谈今后面临的机遇和挑战，鼓舞全体员工。文章主要通过以下表现手法增强讲话稿的“可听性”，达到“激励、鼓动”的目的。

① 开门见山，直奔主题，贴近听众的生活。

② 语言通俗易懂、朗朗上口，使听众觉得亲切自然。

③ 简洁流畅，明朗轻快，避免了长篇大论给听众的负担。

④ 注重感情色彩，营造浓郁的情感氛围，进一步达到激励和鼓动的目的。

例文二

我属于冰岛

（1955年12月）

拉克司内斯

几个星期以前，我在瑞典南部旅行的时候，就听到人家谣传，说我可能得到瑞典学院的青睐，成为今年诺贝尔文学奖的获得者。当时独自在客栈里过夜的我，除了百感交集，不免也扪心自问：像我这么一个满腹心酸的流浪者，这样一位来自世界最偏僻的角落的作家，竟然被诺贝尔基金会这种以提倡文化出名的机构看上眼，并被邀请到这个讲台上来讲话，到底代表了什么样的意义呢？

和往常一样，我自然想起了我的亲朋好友——即使在这一庄严时刻，也不例外——想起那些小时候的朋友，现在已经去世并被埋葬的，都默默无闻，而他们活着时很少有出名的，现在渐渐地被人遗忘了。不管怎么说，他们对我的影响远比世界任何的大作家或前辈都大。每每想起和我一起长大的人们，那些美好的男人们和女人们，我的父母，还有我的祖母，在我还没学会字母之前，她就教给我好几百行冰岛的古诗。

我在旅馆的那个晚上，我在想——现在我仍在想——祖母灌输于我的道德标准：毋杀生。所以，在我的一生中，我对世上任何一个可怜、卑微和衰颓的人，对任何一个被社会轻视、忽视和遭受不幸的人，都不妄加鄙薄。相反，正是他们才值得大家去爱，去尊重，在冰岛如此，在世界其他地方也是如此。我的童年一直在一个特殊的环境中度过，正如一些故事书和梦里的情景，热爱和尊重微不足道的日常生活琐事和一切生灵，是我孩提时代信奉的唯一的道德戒律。

那些无名的朋友，在我少年时代便不断引导我在文学方面的追求，哺育我成长。虽然他们没有一个是作家，可是凭着精湛的判断力，他们要比世上大多数作家更能打开我的文学眼界。具有这等才能的人大都已去世了，但他们在我的心目中、思想里依然勃然活着，所以，我常常在写作时已分不清到底是我自己的思想呢，还是我的朋友们的言谈词语。我也想到了我们这个只有150万人口的国家和人民，热爱图书的我的冰岛人民。从我创作开始，对我的作品的赞美和批评，连片言只语也不放过，好像一架敏感的仪器，能把每种声音录下，同时也把我表达过的各种喜怒哀乐都反映出来。平心而论，一个喜欢写作的人能生长在这种文学传统与风气如此优异的国度里，实在是最幸运不过了。

我又想到古代那些为冰岛创造了古典文学的前辈，他们的名字大多未能和作品同样流传下来，如今，他们的精神只有活在自己的作品里，以及冰岛的山水之间。在无数个漫长而黑暗的世纪里，那些不知名的前辈蹲在泥做的茅舍里写作，既不求什么报酬，也不奢望什么奖金，冰天雪地，没有一丝火苗暖和身手，因此，他们除了写出最精美的文辞语句外，也创造了个人的风格。即只要心灵没有被冻坏，他们就一刻也不会放下笔杆的。

我在瑞典南部的客栈里过夜时，曾经扪心问自己：成功与声名能带给一个作家什么呢？稿酬与奖金带来的物质满足，自然不用说，但作为一个冰岛诗人，如果他忘掉自己是属于同胞骨肉，属于那块卑微的土地——也就是先祖谆谆告诫，要我随时敬重的那些同胞和土地——那么，成功与声名又有什么意义呢？

陛下，各位女士、先生，瑞典学院使我的名字和冰岛古代那些描写英雄冒险故事的、伟大却无名的作家连在一起，这对我一生而言，不啻是件辉煌显赫的事。学院的选择非但对我的未来是一种重大的鼓励，也使那些推崇我作品的人欢欣鼓舞，我个人的快乐和荣幸当然不在话下；请允许我对学院当局表达充分的谢意与敬意。今天这个奖虽然由我从陛下手中领到，然而，我觉得它也正是奖励那些为冰岛文学奠基的敝国前辈作家。

资料来源：观儿. 诺贝尔获奖者演讲名篇［M］. 兰州：甘肃文化出版社，2003.

例文评析：拉克司内斯的这篇在诺贝尔文学奖授奖仪式上的获奖演说以朴实自然的语调诉说自己真挚的情感。全篇以追想的结构方式反复铺叙，在看似散淡的叙说中发出自己的心声——我属于冰岛，属于那里的人民，属于那卑微的土地。体现了作者谦卑、感恩、热爱生命、热爱祖国的人格魅力。

拉克司内斯（1902—1998），原名哈尔多·库兹松，出生于冰岛首都雷克雅未克附近的一个乡村，父亲为农场主。因家道中衰，拉克司内斯读了几年书后即自谋生计；青年时代曾游历过西欧、俄国和美国。1927年出版第一部长篇小说《来自克什米尔高尚的编织工》。1932年回国，出版了《萨尔卡·瓦尔卡》、《独立的人们》和《世界之光》三部带有明显社会主义倾向的小说。20世纪40年代，创作了总题为《冰岛之神》的三部系列长篇：《冰岛之神》《欢乐的少女》、《哥本哈根的火光》，给作者带来了巨大声誉。

例文三

自我推荐

我来自一个小家庭，有一个弟弟，父母都还在工作。中学毕业后，我攻读市场营销专业。曾在一家商业机构担任行销执行员，学了不少管理方面的知识。例如，我全权负责的一个批发销售公司的业务，销售总额一年为200万元。在那里我学习到怎么管理业务，在压力下解决问题。我希望能更好地运用我的技能。我相信我的经验和知识能让我迎接未来更大的挑战。

例文评析：这篇一分钟的自我推荐是应面试者要求“谈谈你自己”这一问题而进行的回答。应聘者机敏地只简单介绍了个人历史，很快地将重点话题转到与工作有关的技能和经验上来，使自我优势得到了很好的发挥。

例文四

竞聘经理的演讲词

各位领导、各位同事：

大家好！在这里我以平常人的心态，参加支行综合办公室经理岗位的竞聘。首先应感谢支行领导为我们创造了这次公平竞争的机会！此次竞聘，本人并非只是为了当官，更多的是为了响应人事制度改革的召唤，在有可能的情况下实现自己的人生价值。

我现年43岁，中国共产党党员，大专文化程度，会计师专业技术职称。1975年在枝江市供销社参加工作，先后作过营业员、门市部主任、统计员。1985年调入枝江市总工会，担任过图书管理员、出纳员、会计、办公室副主任、计财科副科长等职务。

经过几年银行工作的锻炼，使自己各方面素质得以提高。去年我光荣地加入了中国共产党，荣幸地被三峡分行评为××××年度先进工作者，在创先业务竞赛活动中，被分行授予“三收能手”的称号。××××年度我实现了个人揽存余额1 300万元的任务。几年的工作使我深深地感到机遇和挑战并存，成功与辛酸同在。

参加这次竞聘，我愿在求真务实中认识自己，在积极进取中不断追求，在拼搏奉献中实现价值，在市场竞争中完善自己。

我深知综合办公室工作十分重要，这主要体现在以下三个方面：一是为支行领导当好参谋，二是为全行事务当好主管，三是为一线员工当好后盾。具体说就是摆正位置，当好配角；胸怀全局，当好参谋；服从领导，当好助手。

我也深知，办公室的工作非常辛苦，正如前一段社会流传的那样：在办公室工作的同志就像忠诚的狗，老实的羊，受气的猪，吃草的牛，忙碌的马。可是他们像蜡一样，燃烧自己，照亮别人；他们像竹一样，掏空自己，甘为人梯。

如果我竞聘成功，我的工作思路是：以“三个服从”要求自己，以“三个一点”找准工作切入点，以“三个适度”为原则与人相处。

“三个服从”是个性服从党性，感情服从原则，主观服从客观；做到服务不欠位，主动不越位，服从不偏位，融洽不空位。

“三个一点”是当上级行要求与我行实际工作相符时，我会尽最大努力去找结合点；当科室之间发生利益冲突时，我会从政策法规与工作职责上去找平衡点；当行领导之间意见不一致时，我会从几位领导所处的角度和所表达意图上去领悟相同点。

“三个适度”是冷热适度，对人不搞拉拉扯扯，吹吹拍拍，进行等距离相处；刚柔适度，对事当断则断，不优柔寡断；精细适度，即大事不糊涂，小事不计较。做到对同事多理解，少埋怨，多尊重，少指责，多情义，少冷漠。刺耳的话冷静听，奉承的话警惕听，反对的话分析听，批评的话虚心听，力争在服务中显示实力，在工作中形成动力，在创新中增强压力，在与人交往中凝聚合力。

如果我竞聘成功，我的处事原则和风格是：努力做到严格要求，严密制度，严守纪律；勤学习，勤调查，勤督办；以共同的目标团结人，以有效的管理激励人，以自身的行动带动人。努力做到大事讲原则，小事讲风格，共事讲团结，办事讲效率；管人不整人，用人不疑人。我将用真情和爱心去善待我的每一个同事，使他们的人格得到充分尊重，给他们一个宽松的发展和创新空间。我将用制度和岗位职责去管理我的同事，让他们像圆规一样，找准自己的位置；像尺子一样公正无私；像太阳一样，给人以温暖；像竹子一样，每前进一步，小结一次。

如果我竞聘成功，我的工作目标是：“以为争位，以位促为”。争取支行领导对综合办公室工作的重视和支持，使办公室工作管理制度化，服务优质化，参谋有效化。让办公室成为支行领导的喉舌，沟通员工与行长之间关系的桥梁，宣传精神文明的窗口，传播企业文化的阵地，培养人才的摇篮，联结银企合作的纽带。我愿与大家共创美好的未来，迎接建行辉煌灿烂的明天。

例文评析：这篇竞聘演讲稿的开头直截了当地进入正题。寥寥数语，点明竞争上岗的意义，演讲者积极端正的态度和自信的胸襟。在主体部分，首先简明扼要地介绍了自己的简历，使听众对他有所了解。这部分用事实说话，敞开心扉，袒露自我，突出优势所在，充分展示自己的政治素质、工作能力、成就业绩，并且清晰地概括竞聘岗位的工作性质，为引导听众自然而然地推论出此岗位非演讲者莫属的结论做好铺垫。经过自然的转接过渡，演讲者提纲挈领地交待了如果竞聘成功后的施政目标、施政构想、施政方案，展示了演讲者深受群众信赖和喜欢的工作原则，高超的工作素质和灵活的思想素质，以及明确具体、针对性强的措施。

此篇演讲稿语言准确、精炼、生动，善于使用比喻、排比、对偶等修辞手法，以及群众性口语、俗语，琅琅上口，节奏鲜明。

基础训练

阅读下面一段文字，分析列举事例、推导分析的方法和作用。

20世纪50年代末，我国有6亿人口，到了80年代的今天，人口剧增到10亿多人。据资料统计，1980年到现在出生了几千万小公民……让我们来算一笔账。建国30年来，我国共出生6亿多人口，平均每天出生54 700多人，每小时出生2 200多人，每分钟出生30多人。也就是说，每分钟出生一个加强排，每小时就是一个旅，每天就是一个军，每月就是一个中等县，每年就是一个大城市，相当于一个中等国家的人口啊，你们听到这些数字，不感到触目惊心吗？不感到社会的翅膀沉重吗？

——摘自《沉重的翅膀》

拓展训练

请分析下面这篇自我推荐演讲稿的优点和不足。

自我推荐

“天下无难事，只怕有心人”是我的座右铭，“艰苦奋斗，勤俭朴素”是我的人生观，“如临深渊，如履薄冰”是我的工作态度。

我自幼生长在一个依山傍水、风光秀丽的小山村，我在家乡读完了小学、中学后，考上了××大学新闻采编专业。

我自幼喜欢写作，所以在大学期间，我常爬格子，系里的刊物《新一代》上经常出现我的文章。大学三年级的时候，我被聘为我校学生会刊物《黄土地》的编辑。由于我的工作令人满意，四年级的时候被任命为该刊主编。

我们学生的刊物与社会上的报纸杂志相比，自然不能同日而语。但“麻雀虽小，五脏俱全”。在有限的人力、物力、财力的情况下，我们的刊物曾在省高校刊物评比中荣获一等奖。

大学三年级暑假，我很幸运地经人介绍到《家庭与妇女》杂志编辑部担任校对一个月。校对工作看起来很简单，但做起来并不轻松，稍有疏忽，便会贻笑大方。这一个月的实践，使我基本上掌握了校对的技能。四年级下学期，我由于学业优秀，被派到本市日报实习。实习期间我采访、编辑、校对、发行样样都干过，使我领略到一份报纸必须经过数十人之手才能送到读者的办公桌上。只恨实习的时间太短，没办法从头到尾彻底实习一遍，我一向敬业乐观、负责任、守纪律，何况编辑工作是我的志趣所在，倘蒙录用，必当献身工作，为贵社兴旺发达效微薄之力。

综合训练

1. 为自己写一分钟、三分钟的自我推荐稿各一份。

2. 假设你要竞聘自己所学专业中的某一岗位，请写一份竞聘演讲稿。
3. 自拟题目，写出演讲稿并演讲，谈自己喜欢的一个人、一本书或一部电影。

任务七　文稿演示文案

情景模拟

文稿演示是演讲的重要辅助手段，运用的场合很多，如新闻发布会、经验介绍、商品推介、项目开发可行性论证报告、业务培训、课堂教学等。文稿演示的制作是高职学生应当掌握的基本技能之一。文稿的技术制作一般是通过PowerPoint软件来处理完成，文稿演示文案的写作即是对演讲文稿的文字提炼处理。

训练目标

通过本任务的训练，掌握文稿演示文案的写作方法，即如何将演讲内容进行文字提炼，并通过幻灯片进行演示。

知识要点

1. 文稿演示的定义

文稿演示指为完成公务、商务、学术报告及课堂教学等具体工作，在准备对听众进行公开演讲时，为使所演讲的内容重点突出，具有形象、直观等特征，而对演讲整体内容进行提炼浓缩，并将提炼浓缩的内容通过幻灯片演示的全过程。

2. 文稿演示的内容

文稿演示的内容包括文字、数据、图表、画面、声音、视频等。

3. 文稿演示的作用

文稿演示有利于突出演讲的重点内容，增强演讲的直观性和形象性，使听众更好地把握演讲内容。

4. 文稿演示的筹划

① 理解演讲文稿的核心内容。
② 明确演讲目的。

③ 了解听众的特点。

④ 掌握演讲的时间。

5. 演示文稿的提炼步骤

① 明确文稿演示的应用范围，从而确定演示文稿的核心内容。不同应用范围的文稿演示有着不同的演示目的，从而决定了演示文稿的核心内容不同。例如，公务活动中的新闻发布会、经验交流等，目的是信息传播，其核心内容就是所要传递的信息或介绍的经验；商务活动中的商品促销、项目可行性论证等，目的或是促销商品，或是说服听众认可某一项目的开发，其核心内容应是某一商品的特性、使用操作方法，或是项目可观的经济收益等；研究和教学领域的项目申报答辩、学术报告、成果展示和课堂教学等，目的是说服评审专家或传播知识，其核心内容是完成项目所具有实力、学术创新点和传授知识的要点。

② 确定核心内容所要陈述的要点。陈述的要点是最能打动听众、说服听众的主要材料。对文稿中的数据和图表要格外关注，因为它们的说服力直接、简单而且有效。陈述要点的语言表述应简短精炼，一般不超过30个字。

③ 为需要着重说服的要点加入有说服力的数据、图表。对于陈述中重要的要点，要综合运用多种元素对其进行多角度的陈述，加入有说服力的数据，图表，进行强调说明。

④ 提供解决问题的方法和计划。在文稿演示中，对于需要解决的问题，或听众可能提出的问题，事先要有充分的准备，提供解决的方法和计划，才能争取主动，说服听众。解决的方法可以分条列项表述，分工、计划宜用图表表现。例如，在课题项目申报答辩演示前，就应对完成课题可能遇到的困难进行研究，并找出解决的方法，对课题项目参与人应有明确的分工，研究进程有明确的计划安排，这些考虑的越全面详尽，越容易得到评审专家的信任。

⑤ 结束时进行简洁明了的概括性总结。总结可以是概括演示的要点，重申建议，也可以是演示行动方案，为实施建议承担责任，视演示的应用范围和具体场合而定。

6. 演示文稿制作的注意事项

① 页面设计简洁化，将文字部分内容限定在每页30字以内。

② 保证坐在最后面的听众也能清晰地看到屏幕上的内容。

③ 有目的地使用装饰细节，以强调某一主题。

④ 尽量减少使用特殊效果（如动画），如使用，则要发挥相应作用。

⑤ 控制合理的演示时间。

例文阅读

以下是对一篇主要内容为劝说某企业决定进入美国市场的文稿进行提炼后，不同演示结构安排的对比。

方式一	方式二
目标：决定在企业的发展过程中是否应该努力争取在美国的投资机会 话题A：美国在世界经济中的地位 论据：1．在世界国民生产总值中占很大的比例 2．大量的对外贸易 3．可预见增长的国外投资 话题B：有吸引力的美国产业回报 论据：1．严格的成本控制 2．稳固的竞争地位 话题C：进入美国市场的障碍 论据：1．零碎的市场 2．聪明的消费者 结论概要：1．美国的经济处于世界领先地位 2．美国产业的回报较有吸引力 3．进入美国市场的障碍是可以克服的	目标：决定在企业的发展过程中是否应该努力争取在美国的投资机会 问题预览：A．经济力量 B．潜在利润 C．可行性 问题A：经济力量 论据：1．在世界国民生产总值中占很大的比例 2．大量的对外贸易 3．可预见增长的国外投资 结论A：美国经济处于世界领先地位 问题B：潜在利润 论据：1．严格的成本控制 2．稳固的竞争地位 结论B：美国产业的回报有吸引力 问题C：可行性 论据：1．零碎的市场 2．聪明的消费者 结论C：进入美国市场的障碍是可以克服的 结论概要：A．美国经济处于世界领先地位 B．美国产业的回报有吸引力 C．进入美国市场的障碍是可以克服的

例文评析：结论是显而易见的，方式二的做法对于所要实现的演示目的更为有利。即先进行问题预览，给听众一个倾听并考虑问题的思路，然后就问题进行分别的陈述；每一个问题结束时，都给出相应的结论，最后再对陈述的总体内容进行总结概括。这种方法有利于听众更好地把握演示的内容。当然，这只是演示文稿提炼的一种方式，演示文稿的提炼要根据演示的目的和听众的接受程度来进行筹划。

拓展训练

请试着将下面一段话进行文稿提炼。

卜可心：

你好！

还记得上个周六吗？当你在公园里遇到我和我的女同事时，你很不礼貌地盯着她看，然后说她的唇膏色彩不好，眼影涂得也很难看。你走后，我的同事感到很难堪。

周日你第一次来到我家，两手空空，什么礼物也没有带。当我妈妈做完午饭，请你吃饭的时候，你自顾自地狼吞虎咽。吃完以后，你没有表达任何谢意，就到客厅里去看自己喜欢的卡通片了。

接着，当我们乘公共汽车去看电影时，一位老人站在我们身边，你无动于衷。当我起身让座后，你对我也不加理睬，依然假装看着车窗外的风景。

鉴于此，我决定不再与你交往了。

甄失望

综合训练

根据下面的产品说明书，提炼演示文稿，并尝试做产品推介说明演示。

产品说明书

金花茶，山茶科、山茶属，金花茶组、金花茶系植物，与中国名茶同科属。1960年首次在广西发现。1965年由中国著名植物学家胡先啸博士命名为金花茶。金花茶的发现轰动了国内外园艺界，震惊世界花坛。金花茶其花蜡质金黄、金瓣玉蕊、鲜丽俏致，点缀于绿叶琼枝间，风姿绰约，被誉为花卉中的“超级明星”、“茶族皇后”和植物界的“大熊猫”，是国家一级保护珍稀植物。金花茶除具有极高的观赏价值外，是茶花中的极品，同时还具有对人体的特殊保健功能。

日本著名植物学家津当尚为寻找黄色的山茶花穷尽毕生精力，足迹踏遍印支半岛，最终无功而返，失望之余写下“幻想的黄色金茶花历险记”；在李时珍的《本草纲目》中曾有记载黄色的茶花……

一、金花茶生长的独特性

广西是金花茶的分布中心和发源地，在已发现的23种金花茶中有21种生长在广西的防城。从物种的分布情况来看，金花茶分布最为集中的地点在防城，由于金花茶喜欢温暖湿润的气候，常常生长在土壤疏松、排水良好的阴坡溪沟处，而防城地处十万大山兰山支脉，适合的温度、光照、3 000毫米/年以上的降雨和当地常绿阔叶林植被等自然条件形成了名副其实的“金茶花的故乡”。1986年广西壮族自治区在防城建立了区级自然保护区，1994年晋升为国家级自然保护区。

本产品主要原料（金花茶叶片）来源于防城国家级金花茶保护区周边的“富新金花茶人工种植基地”，公司与国内著名高校合作，采用高科技手段研发的“金花茶浓缩液”、“金花茶口服液”、“金花茶浓缩饮液”等系列产品，开拓了金花茶的特殊保健功能，是不添加任何防腐剂的纯天然产品。

二、金花茶的特殊保健功能

经测定，金花茶含有天然的有机锗、硒、钼、锰、钒和锌等多种对人体有重要保健功能的微量元素及茶多酚、维生素和人体必需氨基酸等。

金花茶叶微量元素含量如下表所示。

元素	含量（mg/kg）	元素	含量（mg/kg）	元素	含量（mg/kg）	元素	含量（mg/kg）
Fe	273.47	Se	74.42	Mo	170.45	V	993.21
Zn	53.14	Ge	39.35	Co	790.73	Mn	769.95

降血脂和预防动脉粥样硬化：血液中胆固醇含量高会引起血管壁上脂类团块的沉积，降低血脂含量是预防动脉粥样硬化的基础。以大白鼠做试验动物，喂以高脂和高胆固醇饲料，结果证明，金花茶具有明显的抑制血浆和肝脏中胆固醇含量上升的作用，具有促进脂类化合物排出的效果。

◆提高机体的免疫力：过量的机体活性氧自由基诱发多种疾病产生。金花茶中功效成分可以作为外源性的抗氧化剂来清除这些过量的自由基，同时又能调动和激活机体内源性抗氧化系统SOD等酶的生理活性来提高机体的免疫力。

◆降血糖的作用：以链脲佐菌素作为试验大白鼠的糖尿病诱发剂，结果表明，金花茶叶的水浸出物喂养组明显比对照组的血糖低，血糖下降率可达40%。

三、金花茶中功效成份的作用机理

◆有机锗（Ge）：锗具有使人体各器官电位处于正常值的优异功能，可以控制癌细胞的电位，抑制癌细胞的分裂，维持机体细胞的正常状态。

◆硒（Se）：硒是谷胱甘肽过氧化物酶的组成成份，能催化有机过氧化物的还原，能保持酶与蛋白质的生理活性，刺激免疫球蛋白和抗体的产生，增强机体的免疫力。

◆钼（Mo）：钼是心肌的保护元素。

◆锰（Mn）、钒（V）、锌（Zn）等是人体必需的微量元素。

◆茶多酚：杀菌活性最强，同时对发炎因子组胺具有良好的抵抗作用。明显抑制血浆和肝脏中胆固醇含量上升。清除体内过量的自由基，激活机体内源性抗氧化系统，提高机体的免疫力。

【配 料 表】饮用纯净水、金花茶浓缩液、山梨糖醇

【饮用方法】见产品包装说明书

【贮　　藏】18个月

【执行标准】Q/FX3—2003

【卫生许可】北卫食字〔2003〕第E0145号

【产品批准文号】

【浓缩饮液】桂卫食准字〔2003〕第125号

【口 服 液】桂卫食准字〔2003〕第124号

【适宜人群】高血脂、高血糖、食欲不振、免疫力低等患者。低血压者慎用。

本产品不添加防腐剂及化学物质，少量沉淀属于正常现象。

任务八 广告文案

情景模拟

在现代社会里，广告已成为日常生活中不可缺少的一部分，人们不仅仅将广告看成推销产品的一种手段，而且把广告的表现形式和内容理解为像美术或音乐那样的观赏艺术。

训练目标

通过本任务的训练，了解广告文案的写法，体味例文，创意写作。

知识要点

1. 广告的定义

广告是指广告主为了推销其商品、劳务或观念，在付费的基础上，通过传播媒体向特定的人群进行的信息传播活动。

2. 广告的特点

广告具有真实性、独创性、针对性、法规性、时效性、艺术性等特点。

3. 广告文案的定义

广告文案指广告作品中（除去产品包装本身存在的文字）的全部的语言文字部分。

4. 广告文案的类型

（1）印刷媒介广告文案

印刷媒介广告文案又称平面广告文案，印刷媒介包括报纸、杂志和其他纸质媒介。

这类媒介的共同特点是：文字留在纸上，可以表现比较复杂、深刻的内容，便于长期保存，可以反复阅读携带，可与画面相配。

（2）电波媒介广告文案

电波媒介包括广播媒介和电视媒介。

广播媒介是借助无线电波传播有关信息，有较固定的听众群，传播速度快，费用低。

（3）网络媒介广告文案

网络媒介融合了其他诸多媒介的优点和长处：可看、可听、可写，互动性强，传播速度更快捷方便，传播范围广阔。

（4）其他媒介广告文案

其他媒介包括路牌、霓虹灯、展示、实物等。

由于不同媒介的特点不同，广告文案的写作受到媒介条件的制约，在写作时要注意适应媒介的特点和要求。

5. 广告文案的内容要素

（1）标题

标题是广告的精髓和灵魂，是广告的“眼睛”，制作要简洁凝练、新颖生动、出奇制胜，才能吸引更多的关注。广告标题的写作有以下三种形式。

① 直接标题。直接标题直接点明广告的主旨，简明确切，一目了然。例如：

雅芳，比女人更了解女人——雅芳化妆品广告标题

中意冰箱，人人中意——中意电器集团公司广告标题

② 间接标题。间接标题间接点明广告的主旨，用委婉的方法吸引消费者的注意，可运用比喻、拟人、排比、双关、象征等艺术手法来进行表现。例如：

眼睛是灵魂的窗户，为了保护您的灵魂，请给窗户安上玻璃吧！——美国眼镜广告标题

大西洋将缩短四分之一——国外某航空公司广告标题

这两个标题没有直接说出宣传的商品，但已用暗喻、比拟等手法间接地告诉消费者，显示了对他们切身利益的关心，因而使消费者乐于接受这样的诱导。

③ 复合标题。复合标题即综合运用直接标题和间接标题，制作含蓄、生动、富有艺术性的广告。复合标题分为引题（交代背景）、正题（提示广告主题或主要内容）、副题（对正题进行补充说明）三部分。

● 引题 + 正题。例如：

你想钓鱼吗？—— 引题

发光鱼钩、鱼竿会使你满载而归——正题

● 正题 + 副题。例如：

小到一颗螺丝钉——正题

四通的服务无微不至——副题

● 引题 + 正题 + 副题。例如：

销售进入第×年——引题

松下变频式空调的使用者越来越多——正题

这么多笑脸是舒适性和令人信赖的质量之证明——副题

（2）正文

正文写法有很多种体式，下面试举几例加以说明。

① 陈述体。陈述体直接陈述商品的特点、性能、作用、优惠条件、售后服务等，突出产品的优势，激发消费者的购买欲望。例如：

每天清晨，我都会给家里每人冲一杯牛奶。二十多年前，当我还是个小姑娘时，第一次喝完达山牌奶粉，那浓郁的奶香，一冲即饮的特点便深深留在我的脑海里。

二十多年过去了，时过境迁，家里的电视换了，家具换了，当年天天吵着喝牛奶的小姑娘如今也成了母亲，但我每次买奶粉仍是“完达山”，这不仅仅是因为“完达山”始终给我的质量信心，还有那对自己人生历程的回忆，就像那醇厚的奶香，让人久久回味……

（完达山奶粉广告）

这则广告采用第一人称自述的形式，向消费者介绍商品，融合了自己多年的经历和感受，亲切自然，易于被人接受。

② 抒情体。抒情体用饱含感情的语句，与读者产生心理共鸣，这种共鸣会持续很长时间。例如：

钻石恒久远，一颗永流传。（戴比尔斯钻石广告）

这则广告不仅道出了钻石的真正价值，同时把爱情的价值提升到足够的高度，使消费者把钻石与爱情联系起来，给天下有情人一种长相厮守、永结同心的美妙感觉。

③ 诗歌体。诗歌体即采用诗歌的语言和形式来传递信息，以情感人，浪漫而温馨。例如：

她将一缕温馨的柔情带给全世界，
和蔼的空中服务员。
身着一袭纱笼裙，
当她和您相逢，
一绽迷人笑容，
一缕温馨的柔情。
晴空万里，朵朵白云，
你们相逢在舒适的
747B、707或737波音机群上，
她将以最殷勤的方式招待您。
我们的女郎，
是新加坡航空公司的灵魂。

（新加坡航空公司广告）

这则广告贯穿始终一个“情”字，它以优美的语言把人们带进了一个温暖和谐的氛围。顾客至上、服务优质的感觉油然而生，大大增加了广告的诱导作用。

④ 幽默体。幽默体即利用幽默、诙谐、风趣的语言来做广告，在博取消费者轻松一笑的同时，使消费者愉快地接受广告信息。例如：

蟑螂不死，我死！（蟑螂药广告）

请到此用餐，否则你我都要挨饿！（饭店广告）

⑤ 描绘体。描绘体运用恰当的修辞手法将产品加以描绘。例如：

牛奶香浓，丝般感受。（德芙巧克力广告）

⑥ 请求体。请求体使用祈请语句，增强语言说服力。例如：

保护嗓子，请用金嗓子喉宝！（金嗓子喉宝广告）

另外还有儿歌体、故事体、相声体、戏剧体、证明体、问答体、书信体、论证体等体式，多渠道、多形式、多层次地广泛宣传，使商业信息和表现形式很好地结合起来，既能传播信息，又能娱乐大众。

（3）广告语

广告语是指在一定时期内反复使用、带有强烈宣传和诱导作用的特定广告用语。通常是一个或者几个具有强烈感染力和鼓动性的简短语句。例如：

安踏，永不止步。（安踏运动鞋广告）

百事可乐，新一代的选择！（百事可乐广告）

让我们做得更好！（飞利浦公司广告）

海尔，真诚到永远！（海尔公司广告）

广告语的潜在宣传效果往往比广告正文还要强，因此广告语一定要精心设计，简明有力，主题鲜明，富有感染力。

广告语与广告标题都能反映商品的特征，引导消费者购买，有时广告标题本身就是广告语。

6. 广告文案的写作要求

① 创新、新颖、生动，有吸引力。

② 内容健康，实事求是。

③ 语言艺术，突出主题。

④ 文字简洁，针对性强。

⑤ 结合多种艺术表现形式，激发公众兴趣。

例文阅读

PUMA运动鞋广播广告文案

（男声）

我是个庸庸碌碌的上班族，不过在平淡生活中，我倒有一样法宝——PUMA。

星期一，我喜欢走仁爱路林荫道来公司，藉以平和我的“星期一忧郁症”。

星期二，故意挑公司后的小巷道，多绕些路，只为听听附近的起床号的声音。

星期三，我会从小学旁经过，看看年轻的生命活力，顺便感怀一下我自己消逝的天真童年。

星期四，……我索性来一段慢跑。

（独白渐弱）

广告语：快乐的走路族——PUMA——彪马运动鞋

资料来源： 高志宏，徐智明. 广告方案写作［M］. 北京：中国物价出版社，2002.

例文评析： 广告采用独白形式首先道出一个上班族对一成不变的生活的不满，然后穿上了PUMA运动鞋，在每天的行路上，发现了生活的情趣和快乐。广告的诉求借助人物独白不言而喻。该方案又充分利用广播广告“听”的特性，用不同的背景音乐和音响效果营造“生活之声”，唤起人们对轻松美好生活的向往。同时，品牌名称“PUMA”，在广告开头出现，与结尾的广告语遥相呼应，强化了对品牌的宣传。

综合训练

1. 模仿下面一篇广告的写法，以推销《百科全书光碟》为题写一篇广告。假设该光碟定价50元。

亲爱的读者：

从9月1日开始征订《消息报》。遗憾的是明年的订户将不得不增加负担，全年订费为22卢布56戈比。订费是涨了。在纸张涨价、销售劳务费提高的形势下，我们的报纸要生存下去，我们别无选择，而你们有办法。你们完全有权拒绝订阅《消息报》，将22卢布56戈比的订费用在急需的地方。《消息报》一年的订费可以用来：在莫斯科的市场购买924克猪肉，或在列宁格勒购买102克牛肉，或在车里亚宾斯克购买1 500克蜂蜜，或在俄罗斯各地购买一包香烟或者一瓶好白兰地酒。这样的“或者”只有一次享受。而您选择《消息报》——将全年享用。事情就是这样，亲爱的读者。

2. 从各种媒体的广告文案中寻找出自己喜欢的一则，并进行赏析。

相关阅读

大卫·奥格威的广告创作经验

在《一个广告人的自由》中，大卫·奥格威给我们很多忠告，列举出来以供参考。

1. 关于广告标题

（1）每个标题都应有给潜在买主自身利益的承诺。

（2）标题里加进一些充满感情的词汇，就可以起到加强的作用。比如亲爱的、爱、怕、引以为傲、朋友、宝贝等。

（3）标题好比商品价码标签，用它来向潜在买主打招呼。

（4）始终注意在标题中加进新的信息，因为消费者总是在寻找新的产品或者老产品的新用法，或者老产品的新改进。

（5）有些撰稿人常写一些故意卖弄的标题：双关语、引经据典或者别的晦涩的词句，这是没有用处的。

（6）调查表明在标题中写否定词是很危险的。

（7）读广告标题的人是读广告正文的5倍。因此至少应该告诉这些浏览者，广告宣传的是什么品牌。标题中总是应该写进品牌名称的原因就在这里。

2. 关于广告正文

（1）不要旁敲侧击，要直截了当，避免“差不多”、“也可以”等含糊不清的语言。

（2）不要用最高级形容词、一般化字眼和陈词滥调。要有所指，要实事求是，要热忱、友善并且使人难以忘怀。别惹人厌烦。讲事实，但是要把事实讲得引人入胜。

（3）你应该常在你的文案中引用用户经验。比起不知名的撰稿人的话，读者更易于相信消费者的现身说法。知名人士的现身佐证吸引的读者特别得多。如果证词写得很诚实，也不会引起怀疑。名人的知名度越高，能吸引的读者也就越多。

（4）另外一种很有利的窍门是向读者提供有用的咨询或服务。以这种办法写成的方案可以比单纯讲产品本身的文案多招徕75%的读者。

（5）我从未欣赏过文学派的广告……我一直觉得这类广告很无聊，连一点事实也没有提供给读者。我很同意劳德·霍普金斯的观点“高雅的文字对广告是明显的不利因素。精雕细刻的笔法也如此。他们喧宾夺主地把广告主题的注意力屏蔽掉了。”

（6）避免唱高调……自吹自擂应避免，但是完美的操行却应发扬光大。

（7）除非有特别的原因要在广告里使用严肃、庄重的字，通常应该使用顾客在日常交谈中用的通俗语言写文案。

（8）不要贪图写那种获奖文案。

（9）优秀的撰稿人从不会从文字娱乐读者的角度去写广告文案。衡量他们成就的标准是看他们使多少产品在市场上腾飞。

奥格威的经验对我们撰写广告标题与正文有重要的参考价值。

任务九　说明书

训练目标

通过本任务的训练，了解说明书的规范写法，体味例文，模拟写作。

知识要点

1. 说明书的定义

说明书是用来介绍有关物品的性能、规格用途、使用方法，以及影剧情节、图书出版等使用性说明文体。

2. 说明书的写作形式

说明书有概述式、条款式、图文综合式等几种写作形式。

3. 说明书的写作要求

写作说明书时要求：内容实事求是；语言通俗易懂。

例文阅读

蜘蛛侠

片　　名：蜘蛛侠（Spider-Man）
导　　演：山姆·雷米（Sam Raimi）
主　　演：托比·马奎尔（Tobey Maguire）
　　　　克尔斯滕·邓斯特（Kirsten Dunst）
　　　　威廉·达福（Willem Dafoe）
　　　　詹姆斯·弗兰科（James Franco）
出　　口：哥伦比亚影业公司
首　　映：2002年5月
影片介绍：

中学生彼特·帕克自幼父母双亡，他与心爱的梅婶母和本叔叔一起生活在纽约皇后区。彼特过着一个普通学生的生活，在校报担任一名摄影师，暗恋着美丽的玛丽·简·沃森，并经常与死党哈里·奥斯本一起到处游荡。

在一次学校组织的旅游中，彼特和他的同学们参观了一个有关节肢动物的科学展览，期间，彼特被一个转基因蜘蛛咬了一口。不久之后，他发现自己具有了非同寻常的能力：他成了一位力量超凡、身手敏捷的蜘蛛，并且还具有一种敏锐的超感知“蜘感官”。

彼特首先利用他的能力去挣钱，但是血本无归以后，他牢记心爱的本叔叔的话：“用超人的力量担负起伟大的责任”，他发誓要将自己的一生献给与犯罪行为作斗争。

与此同时，哈里的父亲、军火商人诺尔马·奥斯本（Norman Osborn，威廉·达福饰），也正在经历他自己的一些变数。一次实验方案出了差错，诺尔马的智慧和力量大增，但也让他陷入了精神错乱。诺尔马现在成为了蜘蛛侠的主要对手——绿恶魔，他将彻底考验年轻的彼特·帕克与犯罪行为作战、帮助无辜人们的誓言。

《蜘蛛侠》由山姆·雷米（Sam Raimi）执导，曾两次获得奥斯卡奖提名的威廉·达福（Willem Dafoe）在片中饰演蜘蛛侠的强劲对手绿恶魔，克尔斯滕·邓斯特（Kirsten Dunst）饰演玛丽·简·沃森（Mary Jane Waston），金球奖得主詹姆斯·弗兰科（James Franco）饰演彼特·帕克的好友哈里·奥斯本（Harry Osborn），奥斯卡获奖演员克利夫·罗伯逊（Cliff Roberson）饰演本大叔（Uncle Ben），曾获奥斯卡奖提名的罗斯玛丽·哈里斯（Rosemary Harris）在片中饰演梅婶母（Aunt May），J·K·西蒙斯（J. K. Simmons）饰演彼得·帕克在《军号日报》（Daily Bugle）的老板J·乔纳·詹姆森（J. Jonah Jameson）。

综合训练

1. 模仿例文，选择一部自己观看过的电影、电视剧或戏剧，写一篇剧情说明书。

2. 产品说明书一般为条款式结构，条款的顺序必须遵照产品的内在规律，在撰写“使用说明”时，更要依照使用产品的递进程序来安排条款，否则会造成用户不会操作或操作失误的后果。下面是有关微波炉的“微波烹调操作说明”，共有7条，但顺序安排不妥。请你思考一下，将正确的条款顺序写出来，并说明理由。

微波烹调操作说明

1. 先将定时器转到“O”（关闭）位置。

2. 将“功能选择器”旋转到微波烹调档位上，共有5个微波火档，适用于不同类型的食物。

3. 将食物放入微波炉内，关上炉门。

4. 当设定烹调程序后，若要微波炉停止工作，只需打开炉门，炉门安全联锁开关即会自动停止发放微波。

5. 将“定时器”旋转到所需的烹调时间位置，微波烹调即开始。

6. “定时器”回转完毕后，会发出一声铃响，微波炉就会自动停止工作，炉灯自动熄灭。

7. 将插头插入有可靠地线的插座。

（　　）—（　　）—（　　）—（　　）—（　　）—（　　）—（　　）

第五单元

商务文书写作技能训练

任务一　合　同

情景模拟

刘玲大学毕业后进入一家贸易公司，公司领导为了帮助她尽快进入角色，让她参考规范格式，试着对公司的购销合同进行修改。

训练目标

通过本任务的训练，掌握合同的规范写法，体味例文，模拟写作，培养撰写合同的能力。

知识要点

1. 合同的定义

《中华人民共和国合同法》（以下简称《合同法》）规定，合同是平等主体的自然人、法人、其他组织之间设立、变更、终止民事权利义务关系的协议。

2. 合同的特点

合同具有合法性、平等互利性、协商一致性、规范性的特点。

3. 合同的种类

《合同法》对合同的种类列有15大类，分别为：买卖合同，建设工程合同，承揽合同，运输合同，供用电、水、气热力合同，融资合同，仓储合同，保管合同，租赁合同，借款合同，行纪合同，居间合同，技术合同，赠与合同，委托合同。

4. 合同的写作结构

合同一般包括首部、主部、尾部三部分。

（1）首部

首部包括以下各项。

① 标题。明确写出合同的性质，如“买卖合同”。

② 合同当事人名称或者姓名。合同当事人是指签订合同的双方或多方的名称或姓名，要准确写出签约单位或个人的全称、全名，并在其后注明双方约定的固定指代，如“甲方”、“乙方”。不论在什么情况下，合同中都不能用不定指代“你方”、“我方”来指当事人。

③ 引言。就是合同的开头部分，主要写签订合同的目的或签订合同的依据。常用的表达句式为：“为了……”或“根据……”。

（2）主部

主部一般采用条款法，按双方当事人的约定，详细写明主要条款和其他条款的内容。

（3）尾部

尾部指合同的结尾和落款部分。

① 合同的有效期限和文本保存。有效期限指合同执行生效、终止的时间，是合同必备的条款。文本保存是注明合同文本的保管方式，即合同一式几份及当事人保管的份数。

② 落款。落款是合同特定的内容和格式。即在合同的有效期限和保管条款下方，依次写出当事人的名称、签章、通信地址、法人代表、银行账号、签约日期、地点等。

如果合同有特殊要求，或有附件，也在尾部注出。通常是在合同正文“其他条款”之后注明“合同附件、附表均为本合同的组成部分，且有同等的法律效力。”如工程承包合同要在“附件”中列出工程项目表、工程进度表、工程图纸等。这些附件、附表均标写在合同落款的最下方，即“年、月、日”以后的部位。

5. 合同的必备条款

① 当事人的名称或姓名和住所。

② 标的。标的指合同当事人双方权利和义务共同指向的对象。任何合同都必须有标的，而且一定要明确。如果标的是物，其名称、花色、规格、型号、产地、商标、质量都要写清楚。

③ 数量。数量是对标的的量，是以数字和计量单位来衡量标的的尺度。任何合同都必须明确规定标的数量，所用计量单位必须采用国家法定的公制计量单位，度量衡必须写明，要做到明确、准确、确切。切忌使用任何模棱两可的抽象计量单位。

④ 质量。质量是标的的质的规定。标的质量要规定得明确具体，如涉及到具体建筑工程或产品，对其格式、规格、结构、性能等质量诸项要有清楚的说明，甚至附图说明，并作为

合同的附件。有的还要有实物样品，作为交货和验收的依据；有的还应规定验收办法和允许误差。

⑤ 价款或者报酬。价款指根据合同取得标的物（产品或商品）的一方当事人向另一方当事人支付的代价。报酬指根据合同取得劳务（设计、加工、运输等）的一方当事人向另一方当事人支付的酬金。价款和报酬，统称价金。价金的数额是由当事人各方协商议定的。在签订对外贸易合同时，注意要写明用何种货币支付价款或报酬。

⑥ 履行期限、地点和方式。履行期限指履行合同条款的时间界限；地点和方式指当事人完成承担义务的地点和方式。期限规定得越具体越有利于当事人各方安排生产、组织收购或完成其他特定的任务。履行期限是衡量合同是否按时履行或延迟履行合同的标志。地点一定要明确具体的规定，因为它涉及到运输费用负担问题。方式是指支付标的的手段工具，必须在合同中订明。例如，不论是提货还是送货，都应将运送工具写清楚。由于供方的原因，到期不能提货，供方要负迟延的责任；由于需方未能按规定日期提货，需方应承担延期造成损失的责任。如果是送货，还要对运费的承担、运价的标准，以及途中产品损失等有关方面做出明确的规定。

⑦ 违约责任。违约责任是对不按合同规定履行义务的制裁措施。根据合同法的约定，由于合同当事人一方过错，造成合同不能履行或不适当履行，应由过错一方偿付给对方一定数量的违约金。

⑧ 解决争议的方法。解决争议的方法有友好协商，或向有关管理部门经济合同仲裁委员会申请仲裁，诉诸法律。

6. 合同的写作要求

① 条款完备、具体。

② 表述准确、严密。

③ 字迹清楚、文面整洁。

注意：合同一般不许涂改，如果不得已要修改，应在修改处加盖双方当事人印章。

例文阅读

例文一

农副产品购销合同

国家工商管理局经济合同司

【注】GF—90—0151

供方：＿＿＿＿＿＿　　　　合同编号：＿＿＿＿＿＿

需方：＿＿＿＿＿＿　　　　签订地点：＿＿＿＿＿＿

签订时间：　　　年　　月　　日

一、产品名称、品种、数量、金额、交售时间

产品名称	品种	计量单位	数量	单价	总金额	交售时间及数量	合计人民币金额（大写）

二、质量标准、用途

三、验收办法及时间、地点

四、检验及检疫的单位、地点、方法、标准及费用负担

五、交（提）货地点及运输方式和费用负担

六、超欠幅度损耗及计算方法

七、包装标准、包装物的供应与回收和费用负担

八、结算方式及期限

九、给付定金的数额、时间

十、违约责任

十一、解决合同纠纷的方式

十二、其他约定事项

十三、本合同于＿＿＿年＿＿月＿＿日在＿＿＿签订；有效期至＿＿＿年＿＿月＿＿日。

供方	需方	
单位名称（盖章）	单位名称（盖章）	
单位地址：	单位地址：	鉴（公）证意见：
法定代表人：	法定代表人：	
委托代理人：	委托代理人：	经办人：
电话：	电话：	鉴（公）证机关（盖章）
电报挂号：	电报挂号：	年　月　日
开户银行：	开户银行：	
账号：	账号：	［注：除国家另有规定，鉴
邮政编码：	邮政编码：	（公）证实行自愿原则］

例文二

订货合同

立合同单位：××研究所（简称甲方）

××家具厂（简称乙方）

为了发展生产，满足群众需要，经双方充分协商，特签订本合同，以便共同遵守。

一、甲方向乙方订购书橱××只，单价××元；书桌××张，单价××元。总计金额××××元。乙方在20××年10月1日前交货。

二、产品先由乙方做实样，经甲方同意后照原样施工。

三、所有原材料由甲方供应，乙方在甲方现场施工。

四、甲方按图纸实样验收产品，合格后结算费用，由甲方汇入乙方开户银行。

五、本合同一式四份，甲、乙方各执一份，另二份各自送上级有关部门存查。

六、本合同自签字之日起生效，有效期从20××年1月1日起至20××年10月1日止，任何一方不得任意毁约，否则应承担对方经济损失。

甲方：××研究所（盖章）　　　　乙方：××家具厂（盖章）

代表：×××（签字）　　　　代表：×××（签字）

例文评析：这是一份比较简单的订货合同，麻雀虽小，五脏俱全，其条款完备、准确。正文的引言中则介绍了签订合同的依据和原因，简单明了。正文的主体是合同的重要组成部分，它包括了明确双方权利义务的具体条款。这份合同的标的是家具，对家具的技术没有在合同中做明确规定，而是由甲方提出乙方先做出样品，待验收合格后方照原样加工。就履约方式而言，是由甲方提供原材料，乙方在甲方处施工。在主体当中万不可遗漏的一点就是第六点违约责任。不能因为关系亲近或顾及面子而忽略这一点，否则一旦出现一方故意或无意违约，另一方的权利就得不到有力保障。可以说这一点是合同能够最终得到实施的关键环节，除此之外，合同中还注明了合同份数、有效期等，说明条款比较完备。

基础训练

下面三段文字哪一句的表达最准确？

1. 甲方在签订合同后先交一部分建造费，其余在图书馆建成后抓紧归还所欠部分。

2. 甲方在签订合同后一周内，先付给乙方全部修建费的50%，其余在图书馆建成后抓紧归还。

3. 甲方在签订合同后一周内，先付给乙方全部修建费的50%，其余50%在图书馆建成验收合格后一月内全部付清。

拓展训练

下面的条款应如何写才能避免纠纷？

1. 有一份××××年3月27日订立的购销合同，其中交货日期是这样写的：“现货6吨，今年7月交货7吨。”后来第一次交货在5月27日，计9.35吨。6月1日国家对该货的价格做了下调的规定。供方要求9.35吨货按原价结算，而需方则认为，其中6吨迟交，违约，应按下调价结算，而且要依法罚违约金，3.35吨提前交货可依法按原价结处算。双方无法协商，供方上诉法院。

2. 沈阳某商店向杭州一扇厂订购了几万打扇子，每打××元。等到厂家扇子运到时，却发现每打只有10把，而不是通常的12把。商店责问厂家，厂家说他们一贯是按每打10把出售的。商店又问你为什么不早说；厂家说，你为什么不早问。商店告到法院，法院一查，厂家以前确实是按每打10把卖的。

综合训练

1. 请修改下面的合同。

合　同

立合同人：××学院后勤公司（甲方）

××建筑公司（乙方）

为建造××学院游泳馆，经双方协商，订立本合同。

一、甲方委托乙方建造一座游泳馆，由乙方全面负责建造。

二、全部建造费（包括材料、人工）300万元。

三、甲方在订立合同后先交一部分建造费，其余在游泳馆建成后抓紧归还所欠部分。

四、工期待乙方筹备就绪后立即开始，力争今年年底开工，争取明年8月左右竣工交付。

五、建筑材料由乙方全面负责筹备。

六、本合同一式两份，双方各执一份。

立合同人：××学院后勤公司（盖章）

总经理（签字）

××建筑公司（乙方）

总经理（签字）

20××年××月××日

2. 请以下面材料为基础并适当充实，整理成规范的条文式合同。

××银行（甲方）委托××建筑工程公司（乙方）装饰会议室和办公室，建筑面积共1 028平方米，包工包料，工程造价100万元整，工期共140天。甲方在开工前20天做好“三通一平”工作，并向乙方提供施工图，组织设计单位进行施工图技术交底。材料按设计规定购用，乙方应提交材料质保书或合格证。合同签订后甲方预付工程总造价50%的定金。工程完成验收合格再付45%，余款5%作为预留保修金，待1年保质期满，扣除修理金后给付。质量要求符合《建筑安装工程质量检验评定统一标准》，并由即时聘请的工程监理工程师协助验收。甲方委派×××为常驻现场负责人，乙方委派×××为现场施工负责人。

3. 请根据下述材料，拟定一份购销合同。

××工厂赵××（甲方），于20××年×月×日与××木器加工厂李××（乙方）签订了一份合同。合同内容是甲方要向乙方订购200个文件柜，合同签订之后一月内交货，交货地点在乙方厂内仓库，由甲方自运，质量和规格以乙方提供的样品为准。每个文件柜价格为人民币150元，共计货款为30 000元。货款在货物起运后三日内通过银行办理托收。双方每逾期一天，按总金额0.5%付对方违约金。合同一式四份，双方各执一份，各自的上级单位备案各一份。

任务二 调查问卷

训练目标

通过本任务的训练，掌握调查问卷的规范写法，体味例文，模拟写作，培养撰写调查问卷的能力。

知识要点

1. 调查问卷的结构

① 标题。概括说明调查的研究主题。

② 问卷说明。向被调查者说明调查的目的和意义。

③ 被调查者的基本情况。指被调查者的主要特征，如消费调查中消费者的性别、年龄、文化程度、职业、收入等。通过这些项目便于对调查资料进行统计分析。在实际中列入哪些项目，视调查目的和要求而定。

④ 调查的主题内容。问卷中最主要的部分，主要以提问的形式提供给被调查者。

⑤ 编码。将问卷中的调查项目编上代码或数字，便于分类整理，易于进行计算机统计分析。

⑥ 作业证明记载。在调查表的后面，常附上调查员的姓名、访问日期等，以明确调查人员完成任务的性质。

2. 调查问题的形式

调查问题主要有封闭式问题和开放式问题两种形式。

（1）封闭式问题

例如，“您家目前收支情况是：① 较多节余；② 略有节余；③ 收支平衡；④ 入不敷出。”封闭式问题的优点是回答方便，易于进行各种统计处理和分析；缺点是回答者只能在规定的范围内被迫回答，且它的设计比较困难，一旦设计有缺陷，被调查者就可能无法正确回答问题，从而影响调查质量。

（2）开放式问题

例如，“您认为我厂产品质量存在的主要问题是什么？”开放式问题的优点是被调查者可以充发自由地按自己的想法回答问题，不受限制，信息量大，生动具体；缺点是因回答者的想法和角度不同，在对答案进行分类时，往往出现困难，难以进行定量整理和分析。

3. 调查问卷的问题设计原则

（1）避免提笼统、抽象或过于专业化的问题

例如，“您对某超市的印象如何？”这样的提问过于笼统，可具体问：“您认为该超市商品品种是否齐全，营业时间是否恰当，服务态度怎样？”

（2）避免用不确切的词

例如，“很久”、“经常”、“一些”等词语，各人理解不同，在问卷中应避免使用。

（3）避免使用含糊不清的句子

例如，“你最近是出门旅游，还是休息？”出门旅游也是休息的一种形式，正确的问法是：“你最近是出门旅游，还是在家休息？”

（4）避免引导性提问

例如，“消费者普遍认为××品牌的彩电好，你的印象如何？”引导性提问是调查的大忌，常会引出和事实相反的结论。

（5）避免提断定性的问题

例如，“您一天抽多少支烟？”被调查者如果不抽烟，就无法回答。正确的办法是加一条“过滤”性问题，即“您抽烟吗？”如果回答者回答“是”，可继续提问。

（6）避免提令被调查者难堪、禁忌、敏感的问题

例如，个人利害关系问题、个人隐私问题等。

（7）避免一问多答的问题

例如，“您的父母是知识分子吗？”这就使那些父母中仅有一个是知识分子的人无法回答。

（8）注意提问的顺序

① 最初的提问应当是回答者容易回答且是他所关心的内容。
② 提问的内容应从简单逐步向复杂深化。
③ 对相关联的内容应进行系统地整理，使回答者不断增加兴趣。
④ 作为调查核心的重要问题应在前面提问。
⑤ 专业性强的具体细致问题应尽量放在后面。
⑥ 敏感性问题也应尽量放在后面。
⑦ 封闭性问题放在前面，开放性问题放在后面。

4. 问题答案设计技巧

（1）二分法

二分法指提出的问题仅有两种答案可以选择，如“是”或“否”、“有”或“无”等。

（2）单选法

单选法指从给出的三个以上答案中选择一个答案的方法。

（3）多选法

多选法指从给出的三个以上答案中可任选择其中的两项或几项，选项不宜过多。

（4）顺序法

顺序法指列出若干项目，由回答者按重要性决定先后顺序。顺序方法主要有两种：一种对全部答案排序，另一种是只对其中的某些答案排序。

（5）回忆法

回忆法指通过回忆，了解被调查者对不同商品的质量、品牌等方面印象的强弱。例如，“请您举出最近在电视广告中出现的电视机有哪些牌子。”

（6）比较法

比较法指把若干可比较事物整理成两两对比的形式，要求被调查者进行比较并做出肯定回答的方法。例如，“请比较下列每一对不同品牌的洗衣液，哪一种您更喜欢使用？”（每一对中只选一个，画“√”）

① 海飞丝	□	潘婷	□
② 潘婷	□	飘柔	□
② 花王	□	青苹果	□
④ 青苹果	□	舒尔曼	□
⑤ 舒尔曼	□	海飞丝	□

5. 答案设计注意事项

① 答案要穷尽，为防止列举不全的现象，可在问题答案设计的最后列出一项“其他__________”。

② 答案要互斥，列出的不同答案必须互不相容，互不重叠。

例如，“您认为这种款式最适合谁？A 男士；B 女士；C 教师；D 军人……”现实生活中，军人有男也有女，教师也包括军校教师。答案间相互包容。

③ 定距、定比问题的答案设计，划分档次不宜太多，每一档的范围不宜太宽，尽量使档次之间的间距相等。各档的数字之间正好衔接，无重叠、中断现象。

例如，“A. 20岁以下；B. 21～30岁；C. 31～40岁……”

例文阅读

梁祝主题公园旅游意向调查问卷

先生（小姐）：

您好！浙江上虞是传统爱情故事中主人公祝英台的故乡，现将由上虞旅游公司开发主题公园：祝家庄。为了了解上海市民的旅游消费意向，决定正确的经营方向和内容，更好地发挥传统文化的作用，我们特请您作为我们访问的对象，耽搁您几分钟时间，请教几个问题。衷心感谢您的合作。

以下问题，请您在选定的项号前的□打“√”，复选排序题请在项号前的□内编上号码，如果选择“其他”，请回答在横线上。谢谢！

1. 您对梁山伯与祝英台故事的了解？

□（1）十分清楚　　□（2）知道

□（3）了解一些　　□（4）听人说过

2. 如果在祝英台的故乡建一个梁祝主题公园，您去的目的是？（请选出三项，并进行一、二、三的排序）

□（1）回味梁祝的爱情故事　　□（2）欣赏当地的自然风光

□（3）欣赏地方剧的表演　　□（4）休闲度假

□（5）健康疗养休养　　□（6）商务会议

□（7）顺路停留　　□（8）其他（请具体写出）

3. 你对梁祝主题公园哪些旅游资源感兴趣？（请做个排序）

□（1）山水风光　　□（2）文物古迹

□（3）民俗风情　　□（4）地方剧表演

□（5）歌舞表演　　□（6）游乐场

□（7）特色餐饮　　□（8）品茶品酒

□（9）购土特产　　□（10）其他（请具体写出）

4. 您会通过什么方式去梁祝主题公园？（单项选择）

□（1）单位组织　　□（2）家庭与亲友结伴

□（3）旅行社组织　　□（4）个人旅行

□（5）其他

5. 您会通过什么渠道了解主题公园的情况？（单项选择）

□（1）网站　　□（2）广播电台

□（3）电视　　□（4）报纸

□（5）朋友的介绍　　□（6）旅行社推荐

6. 您希望梁祝主题公园的门票价格在？（单项选择）

□（1）20～30元　　□（2）31～40元

□（3）41～50元　　□（4）51～60元

□（5）61～70元

请填写您的基本资料：

7. 您的性别：

□（1）男　　□（2）女

8. 您的年龄（实岁数）：

□（1）18岁以下　　□（2）18～25岁

□（3）26～35岁　　□（4）36～45岁

□（5）46～55岁　　□（6）55岁以上

9. 您目前的学历：

□（1）初中及以下　　□（2）中专及高中

□（3）大学专科　　□（4）大学本科

□（5）研究生　　□（6）博士生

10. 您的职业：

□（1）政府工作人员　　□（2）企业管理人员

□（3）企业、公司职员　　□（4）教师

□（5）专业技术人员　　□（6）工人

□（7）服务人员或销售员　　□（8）农民

□（9）军人　　□（10）学生

□（11）离退休人员　　□（12）其他（请注明）

11. 您的月平均收入：

□（1）2 000元以下　　□（2）2 001～5 000元

□（3）5 001～10 000元　　□（4）10 000元以上

例文评析：这是一篇旅游意向的市场调查问卷，为建设梁祝主题公园的旅游设施作为参考依据。它由三部分内容构成：一是调查问卷的说明，二是调查的内容，三是被调查者的资料。第一部分向调查者说明调查的目的意义，以引起调查对象的重视；第二部分主要围绕人们的意见、态度、偏好等内容进行调查；第三部分是被调查者的基本情况，可以凭此情况确定正确的目标市场。这份问卷和特点是主题明确，每一问题紧紧围绕主题设计，每一题的选项根据问题需要自由设定。由此得来的数据具有可用价值。

任务三　调查报告

训练目标

通过本任务的训练，掌握调查报告的规范写法，体味例文，模拟写作，培养撰写调查报告的能力。

知识要点

1. 调查报告的定义

将市场调查得到的资料进行分析整理、筛选加工之后形成的文书。

2. 调查报告的特点

① 鲜明的针对性。

② 注重时间性。

③ 较强的实用性。

④ 依赖调查性。

3. 调查报告的种类

① 市场需求调查报告。

② 竞争对手调查报告。

③ 经营政策调查报告。

4. 调查报告的结构

（1）主题

调查报告的标题没有严格的格式。一般带有“调查”二字，并指出调查的对象或内容、范围，如“××小区消费水平情况调查”等。

（2）正文

正文包括概要、主体和结尾三部分。

① 概要。概要主要为调查的缘起、目的、对象、范围、内容、方法和时间地点等有关调查活动的说明。

② 主体。主体是市场调查报告的主要内容，多由情况、分析、建议三部分组成。

情况部分应叙述调查得来的材料，有时可加图表说明，必要时还应对市场背景资料做出说明。

分析部分表述的是市场调查报告撰写人对调查所得材料的看法，介绍撰写人对情况的分析归纳，以及从调查中发现了哪些问题、得出哪些结论等。

情况部分和分析部分也可糅合在一起写，边介绍情况边进行分析，这种有事实、有数据、有分析的写法，较有说服力。

建议部分依据调查材料及其分析研究，提出解决问题的方法或应采取的措施、对策等。

③ 结尾。结尾没有特定的格式，一般是概括全文的观点，写出总结式的意见，或说明调查中存在的问题，以及与主要情况倾向不同的情况，预测可能遇到风险和相应对策等。有的写完分析和建议则自然收束，不另加结尾。

供决策参考的调查报告还应在结尾处署上撰写人姓名、部门和报告完成日期，以示负责。如果是受委托为他人撰写，还应将委托方、调查方分别写清楚。

5. 调查报告的写作要求

① 要实事求是。

② 注意观点和材料的统一。

③ 要突出重点，根据主旨的需要取舍材料。

④ 正确把握文体性质和表达方式。

调查报告兼有说明文、记叙文、议论文的特点，应选用较全面、系统、完整的事实、数据以叙述说明问题，并运用议论的表达方式提出措施建议。调查报告的语言要准确、简练、朴实。如果文中运用小标题，各小标题应简洁、醒目、匀称。

⑤ 要讲究时效，要及时反映和传递市场调查所得的情况。

例文阅读

当前居民消费趋势面面观
——居民消费意向问卷调查剖析

当前市场的整体走势仍处于疲软状态，这主要体现在两个方面：一是流通领域，部分商品难销，产品积压过多；二是居民“惜购”现象加重。面对市场这种“病”情，各级政府、社会各界纷纷都在进行诊断，提出了各种各样的对策与建议。为了从居民消费角度出发来描述出目前居民消费意向及消费心理现状，安徽省城调队组织了一次问卷调查以供决策部门参考。

由于这次调查要求时间短，因此调查方案设计力求简单明了，将所要调查的各大类问题浓缩在一张问卷表上，表上除数量问题外，其他两类问题都采用封闭性问句，力求问题清晰明白，以便被调查者容易回答，调查的实施即资料的搜集过程，是委托全省11个城镇住户调查点，将问卷送到被调查家庭里填写的。此次调查发放问卷550份，回收有效问卷484份，有效率达88%，下面就所调查的问题分别简析如下。

一、居民家庭“惜购”是多种因素组合的结果，这些因素可以分为两大类，一是自愿因素，另一个是非自愿因素。（略）

二、“吃”仍是今年居民家庭消费投向的主要目标，“吃”支出的继续上升，并不说明居民“吃得不够”而恰恰说明是前几年“穿”、“用”抢购热后的转移结果。（略）

三、今年高档耐用消费品的整体趋势转向平缓，居民对耐用品的购买表现出很大的随意性，个别品种行情看好。（略）

四、居民的消费心理已由原先的冲动购物保值心理转为储蓄保值、理智选购；表现在消费行为上是“十买十不买”。（略）

通过对居民消费意向问卷调查剖析，我们多少了解到目前市场“病”情及其发展趋势，针对此“病”必须开出一付良“药”，使“病”情完全或基本消除。笔者在此提供一些思路性对策。

① 完善商业服务工作，改善商业销售中的不良作风，重新唤起消费者的消费热情。（略）

② 大力拓宽消费领域，填补居民的消费空白，合理增加消费者的应用负担，逐步将“暗补”走向货币化。（略）

③ 创造一个舒适消费的外部环境，使消费者能够进行愉快的消费投入。（略）

例文评析：这是一篇通过问卷调查了解居民消费意向的市场调查报告。该报告从结构上看由标题、前言、主体三部分组成。第一、第二自然段是前言部分。该部分首先针对市场现状提出问题，点明该调查的原因及主要目标，接着写具体调查的方法和资料来源。主体部分按情况分析、预测和对策三部分安排结构。一、二、三标题从目前居民“惜购”的原因、购买意向两方面阐述市场情况；在第四个标题下的内容为简单的市场预测，将居民以后的消费行为定性地预测为“十买十不买”。文章余下部分为对策。

例文眉目清楚、逻辑性强，这种写法可资借鉴。

综合训练

1. 请根据以下调查数据写一份市场调查报告。

旅游消费情况调查

（1）您为什么去旅游？

	观光/游览	休闲/度假	探亲访友	商务	会议	其他
人数	362人	196人	51人	35人	22人	73人
比例	67%	41%	10%	7%	4%	18%

（2）您认为目前旅行社有哪些方面需要改进？

	服务项目	服务标准	收费标准	旅游目的地的情况介绍	其他
人数	139人	235人	167人	153人	52人
比例	26%	44%	31%	29%	10%

（3）您通常以何种方式出游？

	旅行社组织出游	单位组织	单独与家人结伴出游
人数	215人	191人	321人
比例	38%	35%	60%

（4）您选择旅行社的主要依据是什么？

	信誉	价格	规模	线路	方便
人数	396人	171人	59人	132人	83人
比例	75%	31%	11%	29%	14%

（5）您在报名时是否与旅行社签订合同？

	是	否
人数	260人	175人
比例	60%	40%

（6）您是否有过不愉快的旅游经历？

	是	否
人数	365人	182人
比例	67%	33%

（7）您了解旅游消费者的权利和相关的旅游法规吗？

	很了解	一般	了解一点	一无所知
人数	21人	201人	223人	36人
比例	4%	42%	46%	8%

（8）在旅游中您最关心什么？

	住宿	餐饮	交通工具	导游服务	景点	购物	按时出团和返回	其他
人数	237人	174人	155人	222人	236人	34人	147人	5人
比例	45%	32%	29%	42%	44%	6%	28%	1%

（9）如果您的权益受侵害，您首选的解决方法是什么？

	不采取行动	向旅游企业投诉	向旅游质量监督管理所投诉	向消委会投诉	在新闻媒体曝光	到法院提起诉讼
人数	40人	140人	145人	191人	15人	1人
比例	7.5%	26.3%	27.3%	35.9%	2.8%	0.2%

2. 选取校园生活的某个侧面为内容设计问卷并进行调查，撰写一份调查报告。

任务四　招标书

情景模拟

张丽是××学院后勤总公司刘总经理的秘书，学校在实训教室建设中拟采购一批电脑，要面向社会公开发布一份招标书，刘总要求张秘书拟写这份文书。

训练目标

通过本任务的训练，了解招标、投标程序，掌握招标书的写法，体味例文，模拟写作，培养撰写招标书的能力。

知识要点

1. 招标和投标的定义

招标和投标是国际上使用十分广泛的一种有组织的商业交易活动。招标是招标方提出公开要约，由若干投标方进行秘密报价，招标方从中择优选定中标方的一种法律行为；投标是投标方在同意招标方的招标条件下，对招标项目的报价，具有承诺性质的法律行为。

2. 招标和投标的特征

① 公开性。一是招标条件、投标条件的公开性；二是竞争的公开性。

② 保密性。一是指标底在开标之前不得泄露，要严格保密；二是指投标书开标前也要保密，即投标书必须密封后才能送招标单位，未密封的投标书无效。保密是为了实现公平。

③ 择优性。通过公开招标，比较多家投标书，寻找最佳方案，选择最优承包者，以实现用较少的支出获得最佳经济效益的目的。

④ 竞争性。投标者要中标，投标书就要有极强的竞争性，投标书显示着投标者的竞争能力。

3. 招标和投标的原则

招标和投标的原则为公开、公平、公正、诚实信用。

4. 招标方式

（1）公开招标

公开投标又称无限竞争性招标，指招标人以招标公告的方式邀请特定的法人或者其他组织投标的招标方式。采用公开投标方式，招标人必须按照法定程序，在国家指定的传媒上发布招标公告，公开提供招标文件，让所有符合条件的招标人平等地参加竞争投标。

（2）邀请招标

邀请招标又称有限竞争性招标，指招标人以投标邀请书的方式邀请特定的法人或者其他组织投标的招标方式。

5. 招标和投标程序

① 招标。编制、报审招标文件；传递招标信息；报送投标申请书；投标人资格预审，介绍招标项目概况。

② 投标。投标方投书报价阶级。投标人应当按照招标文件的规定编制投标文件，一般投标文件应表明下列事项：投标函；投标人资格、资信证明文件；投标项目方案及说明；投标价格；投标保证金或者其他形式的担保；招标文件要求具备的其他内容。投标文件应在规定的截止日期前密封送达投标地点。

③ 开标。指招标单位按照招标文件中规定的时间、地点和程序开启投标文件的公开行为。开标使招标人和全体投标人了解实际参加投标的人有哪些，各投标人的投标价格及其投标文件的其他主要内容，以便在此基础上评价并确定中标人。

④ 评标。指对投标文件，按照规定的标准和方法进行评审，选出最佳投标。

⑤ 中标。指通过评标活动确定中标人后向中标人发出中标通知书，并同时将中标结果通知所有未中标的投标人。招标人同时退还未中标人的投标保证金。

中标通知书对招标人和中标人具有法律效力。招标人和中标人应当在自中标通知书发出之日起30日内，按照招标文件和中标人的投标文件订立书面合同。至此，招标、投标工作结束。

6. 招标书的写法

招标书又称招标通告、招标公告、招标启事，指招标人在招标过程中介绍情况、指导工作，履行一定程序时所使用的一种告示性文书，其行文结构由标题、正文、结尾构成。

（1）标题

标题的写法有公文式写法，即招标单位+招标性质+内容+文种（必写），如“中华人民共和国中国技术进出口总公司国际招标公司××铁路第二期工程招标公告”、“上海机电设备公司招标通告”、“承包××商场招标书”、“招标公告”（多用于内部招标）；也有广告式写法，如“谁来承建××项目”。

（2）正文

正文由序言和主体两个部分组成。

序言简要写明招标单位的招标依据、招标目的、项目名称、资金来源、招标范围等，以便投标人从中获得必需的投标信息。

主体包括招标项目概要和招标步骤两方面的内容。招标项目概要是招标通告的重点，准确、简练地说明招标内容及条件、要求；招标步骤要写清招标的起止日期，招标文件发送或发售方式、价格、时间、地点、投标截止日期、开标时间及地点等内容。

（3）结尾

结尾写明招标单位的全称、详细地址、发文日期、电话、传真、邮政编码以及联系人姓名等内容，以便投标人与招标人及时取得联系。

例文阅读

××大学修建图书馆楼的招标通告

××大学经上级主管部门批准，拟修建一座图书馆楼，从××××年3月8日起开始建筑招标。现将具体事宜告知如下。

1. 工程名称：××大学图书馆楼。

2. 建筑面积：××××平方米。

3. 施工地址：××市××路××号。

4. 设计及要求：见附件。（略）

5. 材料中钢材、木材、水泥由招标单位供应，其余由投标人自行解决。所需材料见附表。（略）

6. 交工日期：××××年2月。

7. 凡愿投标的国有、集体建筑企业，只要由主管部门和开户行认可，具有相应建筑施工能力者均可投标。

8. 投标人可来函或来人索取招标文件。

9. 投标人请将报价单、施工能力说明书、原材料来源说明以及上级主管部门的有关鉴证等密封投寄或派人直送我校基建处招标办公室。

10. 招标截至××××年4月8日（寄信以邮戳为准）。××××年4月10日，在我校办公楼会议室，在××市公证处公证下启封开标。

××大学基建处（印章）

××××年××月××日

例文评析： 这是一份建筑工程招标通告。通告主体部分用简洁、准确的语言把工程名称、建筑面积、施工地址、设计及要求、交工日期、建筑材料等内容一一公布于众，做到了结构完整，内容清晰。

综合训练

请根据以下资料，为××师范学院拟写一份综合楼工程招标书。

近年来，国家实行高考扩招，为高等学院提供了良好的发展机遇。但是，随着在校生人数的急剧增加，不少高校也出现了许多问题，如校舍紧张、设备不够、师资缺乏等，暴露了高等院校现有资源不能满足日益增长的教育需求的状况。因此，高等院校扩大办学规模已成为一个迫在眉睫的问题。

××师范学院是一所具有百年历史的师范学院，由于深化教学改革，围绕市场办学，学生就业率和招生形势也非常喜人。自××××年以来连续4年扩招，生源火爆，但学生的学习、生活条件已感紧张。因此，在××××年秋季新生入学前，学院召开处级以上干部紧急会议，商讨解决这一紧迫问题。经过充分的酝酿讨论，得出两个方案：一是从发展的角度考虑，抓紧时间在本市西部开发区征地建新校区，但是需要的时间太长；二是在现校址的东端、老教学楼和图书馆后面的空地段，建一栋现代化的高层综合楼，若抓紧时间建，一年后即可投入使用。又经过院长办公室会议的多次研讨，学院决定两个方案同时进行，但要抓紧第二方案的实施。学院责成后勤集团基建处着手进行综合楼的建设工作。

综合楼由省建筑设计院负责设计，建筑面积8 568平方米，主体10层，局部8层，1～4层为综合图书楼，6～8层为实验室，9、10层为计算机室和多媒体教室（具体详见图纸）。综合楼设计已经由院方和有关部门审查通过，省、市两级政府分别给予资金援助。该综合楼为框架结构，楼全长80米，宽45米，主楼高38米。基础系打桩水泥浇柱，现浇梁柱板。地面全部铺防滑地砖。工程范围包括土建、水暖、电照、电梯、上下水等（详见工程项目一览表）。为了保证建筑质量，学院要求基建处采用公开招标的方式，择优选择施工承包商。该工程全部实行10月底开工，××××年11月底竣工。要求施工者按施工图设计文件和有关部门颁发的施工技术规范、规程施工，工程竣工后按省里颁发的建筑工程验收办法达到全优工程验收。凡具备建筑工程施工、总承包一级以上资质并成功完成过10层以上建筑的单位，均可参加投标资格预审报名。

基建处写出招标公告，从8月15日起，开始在省内外主要报纸上刊登，凡符合以上条件并有意向者，可在××××年8月16至20日凭单位介绍信到学院基建处找李先生、张女士办理申请投标资格预审手续。学院要求凡申请报名者必须同时递交营业执照、资质证书（以上材料均要提供原件和复印件）、单位简介、以往工程业绩及证明材料、拟投入项目班子主要成员的资历、现有施工机械设备和××××年经审计的财务报告（原件核对后归还，复印件装订成册），逾期不予受理。资格预审申请文件一式两份。

报名地址：××省××市××师范学院6号楼211室（基建处）。电话：（028）××××××××，136××××××××；传真：（028）××××××××。

任务五　投标书

情景模拟

××电脑公司看到××学院的招标书后，决定参与投标。赵星一直负责这方面业务，公司决定先让赵星拟写一份投标书。

训练目标

通过本任务的训练，掌握投标书的写法，体味例文，模拟写作，培养撰写投标书的能力。

知识要点

1. 投标书的定义

投标书又称投标文件，简称标书、标函，是投标者根据招标单位的招标条件和要求，根据自身条件制定的，向投标单位表述投标意向和投标方案的书面材料。

投标书格式目前尚无统一规定，一般由封面、标题、主送单位、正文、结尾和附件六部分组成。

（1）封面

封面主要写明主送单位名称、投标工程名称、投标单位名称、法人代表职务和姓名、标书送出时间、签字盖章等内容。封面不是必有格式，可以不用。

（2）标题

标题的写法有公文式写法，即投标单位+项目+事由+文种（必写）；也有双标题式写法，主标题突出投标方的优势，如“实力雄厚，信誉至上——××投标书”。

（3）主送单位

主送单位是对招标单位的称呼，在标题下顶格写招标单位的全称。

（4）正文

正文包括前言和主体两大部分。

前言说明投标方名称、投标方的基本情况、投标项目以及投标后的承诺。

主体写明投标项目的具体内容和指标，实施指标的具体措施，及对招标单位提出希望配合与支持的要求。

（5）结尾

结尾即署名和日期，写明投标方名称、法人代表姓名并签名盖章，最后写上年、月、日。

（6）附件

投标书有无附件可根据实际情况而定，附件的内容可以包括资格审查文件、工程量清单、投标报价等。

例文阅读

投标书

上海市土地管理局：

在切实遵守《上海市土地使用权有偿转让办法》（以下简称《办法》）及招标文件规定的前提下，我/我们决定投标。

1. 我/我们愿意：

A. 用美元支付相当于人民币（大写）×××元的土地使用权出让金，以获得位于上海市××经济技术开发区第26号地块的土地使用权。或

B. 用美元支付相当于人民币（大写）×××元的土地使用权出让金，以获得位于上海市××经济技术开发区第26A号地块的土地使用权。或

C. 用美元支付相当于人民币（大写）×××元的土地使用权出让金，以获得位于上海市××经济技术开发区第26B号地块的土地使用权。

2. 我/我们保证在本投标书里所做出的各项承诺有效。

如果中标，则本投标书和上海市土地管理局（以下简称市土地局）签发的《中标证明通知书》即成为我/我们和市土地局之间有约束性的协议文件。

3. 我/我们已按《招标书》第八条的规定，随本投标书投交了一张由××银行开出的，编号为NO.××，金额为美元（大写）×××元的银行现汇本票作为投标保证金。

4. 我/我们接受市土地局所做出的评审决定，包括对本投标书第1条中A、B、C项报价的任一决定。

5. 如果中标，我/我们同意按《招标书》和《出让和使用条件》的规定，到市土地局签订《出让合同》，并支付定金和出让金余额。

6. 我/我们按《招标书》第七条的规定投交了各项投标文件，包括：（略）

投标人名称：×××

投标者（或其法人代表）签名：

投标书填写日期××××年××月××日

投标者通讯地址：

电话：

传真：

我/我们声明：投标者是其他企业、经济组织或个人的代理人并已获得委托人的有效委托文件。如果中标，我/我们将出示该有效委托文件并由委托人作为受让人来签订《出让合同》。

例文评析：这是一份投标书，投标者根据招标的条件，以及自身的情况，提出了总投标价和投标方案，内容全面，措辞严谨。

综合训练

请根据以下招标书写一份投标函。

百分百健康加油站加盟招标书

标号：162

一、项目概况

本项目以社区居民特别是老年人的足部保健为主要服务项目，采用中国若石健康研究会独特的若石足部保健法和研配的中草药，利用内病外治、上病下治的足浴疗法，达到清洁双足，消除脚气、脚干裂、足跟痛、四肢凉麻肿痛等，同时通过刺激足部穴位促进气血运行，疏通经脉、濡润筋骨、清利关节，起到增强免疫健身防病的作用。

二、项目概述

1. 招标单位：上海百分百足部保健服务部

地址：浦东新区栖山路××号

电话：××××××××

联系人：崔向东

2. 项目评估单位：上海鑫晔咨询服务有限公司

联系地址：上海市临平北路××号24楼A座

联系电话：×××—××××××××

联系人：胡依群

3. 项目技术要求：要求每位员工都经培训考核合格后持证上岗。

4. 项目数量指标和质量指标：

（1）在市住宅社区中、中高档商务楼等地设立20个加盟店。可安置120名以上的“4050”人员就业。

（2）加盟上海百分百健康加油站需50平方米左右的场地，适合社区或商务楼，不强调要求铺面。

（3）加盟“六统一”质量管理要求：① 店招标式统一；② 装饰格调统一；③ 工作制服统一；④ 服务标准统一；⑤ 收费标准统一；⑥ 设备配置统一。

三、岗位描述

店长（投资、管理者）1名，服务员5名。

四、项目开办资金预算

每个加盟店需自筹开办资金约4万元，如下表所示。

项　目	金额/元	备　注
装修费用	16 000.00	
设备费用	6 400.00	
空调配置	2 500.00	
房屋租金	9 000.00	（付2押1计）
流动资金	6 000.00	
合　计	40 000.00	

其中设备配置要求如下表所示。

编　号	设备名称	数量/个	单价/元	总价/元	备　注
1	沙发	8	250.00	2 000.00	
2	茶几	7	100.00	700.00	
3	泡脚桶	4	50.00	200.00	
4	消毒柜	1	500.00	500.00	
5	饮水机	1	300.00	300.00	
6	电热水器	1	1 500.00	1 500.00	
7	洗衣机	1	1 200.00	1 200.00	
	合　计			6 400.00	

五、招标单位的扶优条款

1. 对加盟店免费提供中医基础理论和若石足部保健法的培训。

2. 免费为加盟店提供开业前的市场营销培训，提供经营管理咨询，协助制定营业目标，设立目标人群，制定促销计划。

3. 免费为加盟店提供CI标志、“六统一”所需各种管理和表示样本。

4. 配合加盟者选择店铺，装修及设备采购可由我方统一办理，也可按标准自行负责，我方免费指导。

5. 免费为加盟店提供开业时三天的专家现场指导。

6. 开业后前三个月每月定期两次业务培训，包括市场营销、科学技能、跟踪服务；第四个月起，每月定期业务培训一次。

7. 通过社区定向咨询宣传活动为加盟者提供良好的项目实施环境。

六、风险和制约因素分析

健康加油站除了要求从业人员有一定的专业知识和技能外，还需要一次性小额投资。目标市场是社区居民，定位在中老年同时兼顾其他顾客群。尽管这个群体经济收入不高，但他们拥有较多的时间来关心自己的健康。营销上辅以70岁以上老人免费上门、若石健康法等先进理念在这个群体也更易传递口碑。

风险因素强调以下两点。

1. 场地。加盟点的场地选择将直接影响客源。

2. 服务的质量和态度。员工要求实行定期技能培训，吸取先进知识，保证客户的满意度；加盟店要建立和完善岗位责任制度，严格上岗操作程序以及用品的维护、保养和消毒工作等，以确保服务质量。

七、评估意见

大众化的特别是适应社区居民中中老年人的足部保健服务，有相当大的市场和服务群体。项目的各项指标特别是客源指标较为实际，经过努力是能够实现的，而经济效益比较可观。有比较长的经营周期和相对稳定的经济效益。本项目的风险集中在市场竞争激烈，能否有客源保证。

八、专家点评（略）

九、投标人应具备的条件

1. 要求项目投标人身体健康，具有高中以上学历和相关行业工作经历。

2. 投标人应承诺“4050”项目就业保障义务。

3. 项目执行人必须具有或办理相关的资格证书。

任务六　市场预测报告

情景模拟

企业的成败在于经营，而经营的关键在于预测。只有对未来经济状况和发展趋势做出科学的评估和预测，企业才能顺应经济规律，做出正确的决策，从而立于不败之地。我国历史上曾记载了范蠡“水则资车，旱则资舟”的观点，显示了他卓越的市场预测能力。

训练目标

通过本任务的训练，掌握市场预测报告的写法，体味例文，模拟写作，培养撰写市场预测报告的能力。

知识要点

1. 市场预测的定义

市场预测就是根据市场调查得来的材料，运用一定的经济理论和科学方法进行分析研究、测算、估计未来某一时期内市场的某一方面或某些因素的变化发展规律，从而为生产和经营决策提供科学的依据。

2. 市场预测报告的特点

（1）预见性

“预测”是市场预测报告的最主要特点，准确的预测结果必须反映预测对象的客观规律和发展趋势。

（2）综合性

市场预测要着眼经济全局，着眼发展趋势，综合各种已知因素，运用多学科知识进行分析预测。

（3）情报性

市场预测报告包含着重要的有价值的市场信息，为生产、管理、经营、销售活动提供必要的情报资料。

（4）时效性

市场预测报告必须迅速反映市场活动的新变化、新动态。

3. 市场预测报告的分类

① 按预测的范围划分，可分为宏观市场预测报告、微观市场预测报告。

② 按预测的方法划分，可分为定性分析预测报告、定量分析预测报告。

③ 按预测的期限划分，可分为长期市场预测报告（五年以上）、中期市场预测报告（二至五年）、短期市场预测报告（年度）。

4. 市场预测报告的写作结构

（1）标题

常见的标题有三种形式。

① 完整标题，包括四要素，即预测时限+预测区域+预测对象+文种，如《××市2005年至2006年加饭酒需求量预测》。

② 简称标题，省略完整标题中的一两个要素，但预测对象和文种不能省略，如《上海市家用汽车销售趋势预测》。

③ 文章式标题，标题中不用文种“预测”二字，但预测对象不能省略，如《我国家电产品还有多大市场？》、《助动车市场需求持续上升》。

（2）正文

正文一般由前言、主体、结尾三部分组成。

① 前言，即预测报告的开头部分，简明扼要地介绍预测的范围、对象、时间、地点、目的，说明预测主旨。

② 主体，是预测报告的中心部分，一般由概况、分析预测、结论与建议三部分组成。概况是运用准确、全面的情况和数据对预测对象的历史和现状进行简要的说明，为下文的预测做铺垫；分析预测部分是通过深入分析预测对象的资料数据，运用适当的预测方法，形成对预测对象未来前景的估计，是预测报告的重点部分；结论与建议部分是对预测对象未来前景做出估计的基础上提出切实可行的建议，以供决策部门参考，该部分是预测报告写作的根本目的及现实意义的集中体现。

③ 结尾。预测报告的结尾一般是呼应开头，归纳全文，或是提出应注意的问题；也可以没有结尾，写完建议部分就结束全文。

5. 市场预测报告的写作要求

① 资料充分，数据准确。

② 系统分析，推断合理。

③ 语言规范，表述简明。

例文阅读

滚筒式洗衣机的发展前景预测

21世纪中国洗衣机市场进入更新换代期，市场潜力巨大。2013年洗衣机生产量达7 202万台左右，增长率在6%～7%之间。有人曾经预言，中国洗衣机市场将进入“滚筒时代”。然而，纵观过去的几年，滚筒式洗衣机却并没有像人们所预计的那么乐观，波轮式洗衣机仍牢牢占据国内市场70%多的份额。据中华全国商业信息中心对全国重点大型零售商场的销售统计，2013年12月，家用全自动洗衣机销售同比增长16.6%，而滚筒式洗衣机销售同比增长仅7.6%。2013年中国洗衣机市场的市场容量报告显示，波轮式洗衣机市场份额占75.86%，而滚筒式洗衣机仅占24.14%。曾被寄予“厚望”的滚筒式洗衣机始终“曲高和寡”。

一、国情分析

洗衣机按照洗涤方式的不同，可分为滚筒式、波轮式、搅拌式三种，欧洲只用滚筒式洗衣机，而搅拌式洗衣机在北美十分盛行，波轮式洗衣机则在中国等亚洲地区占有绝对的市场地位。这三种洗衣机又各有各的优势，也各有各的缺点。

业内人士指出，生活消费习惯是制约滚筒式洗衣机在中国市场发展的瓶颈。中国人所需要的高洗净比、省电、省时、方便的功能特点，在滚筒式洗衣机上难以体现。在不少用户眼中，曾因追求时髦而花不菲价格买来的滚筒式洗衣机，在生活节奏越来越快的今天实在让人难以恭维。洗一次衣服需要2个小时，稍微脏一点的衣服，就很难洗干净，而残留在衣物上的洗衣粉也难以漂洗干净，为了不让残留的洗衣粉损伤皮肤，许多人只好再重新洗一次。滚筒式洗衣机的费电量更是惊人，以5 kg全自动洗衣机为例，普通滚筒式洗衣机洗一次衣物耗电为1.7千瓦时，就算世界上最好的滚筒式洗衣机洗一次衣物耗电也要0.95千瓦时，而普通波轮式洗衣机洗一次衣物仅为0.135千瓦时。由于采用摔打洗涤，滚筒式洗衣机洗涤力不强，为提高洗净度，只好采用“加热+浸泡”洗，但由于长时间加热浸泡使衣服容易串色，成为用户挥之不去的烦恼。另外，即使通过加热，滚筒式洗衣机的洗净程度也不十分理想，不少用户在和滚筒式洗衣机“亲密接触”后，不得不再掏钱买一台小的洗衣机。

滚筒式洗衣机在中国市场打不开局面的另一个主要原因是，波轮式洗衣机的飞速发展制约了滚筒式洗衣机的市场。近几年来，无论从产品性能、规格、型号等方面，细分市场的波轮式洗衣机让滚筒式洗衣机没有任何发挥的空间。现在到各大商场看看，从适合单身贵族用的0.5 kg迷你洗衣机，一直到适合大家庭用的十几 kg的大容量洗衣机，功能越来越人性化的波轮机一应俱全，占尽先机。甚至有的厂家现在已经推出综合波轮、滚筒、搅拌式洗衣机优点于一身的洗净比高、磨损率低、不缠绕的新一代洗衣机。而现在，人们的消费心理越来越成熟，已经从开放初期那种攀比的心理，逐步形成以适用、经济为主要购买趋势的消费习惯。在这种大环境下，滚筒式洗衣机被国人冷落也就情有可原。

二、概念炒作的底牌

从全球来看，国内外厂家纷纷在滚筒式洗衣机上大做文章，其中一个主要原因就是滚筒式洗衣机是洗衣机市场利润来源的主体，据了解，3 000元以上的高档滚筒式洗衣机，其利润率比中低档洗衣机要高出40%～80%。诱人的“蛋糕”，迫使中外品牌纷纷剑指高端，使滚筒市场空前活跃。

目前滚筒产品名目繁多，如可以衣物自检、自选档、人工智能洗涤、纳米技术、可以设计万余种排列组合程序供洗涤选择等。但专家指出，滚筒式洗衣机被冠以高科技产品、高价格的背后，却是拿波轮式洗衣机早已普及的技术来进行概念炒作，像所谓的“自选”、“自检”等实际上就是普通全自动波轮式洗衣机高、中、低水位选择，波轮式全自动洗衣机从20世纪80年代就已存在，早在十年前就有厂家开发出多水位选择；而所谓的人工智能洗涤，就是波轮式洗衣机早已用滥的模糊控制技术，据介绍，这种能按照衣物重量、质地自动设定水位，选择洗衣程序的模糊技术在普通波轮式全自动洗衣机上早已普及。

说到底，从技术发展角度来看，滚筒式洗衣机实际上是波轮式洗衣机技术的“跟随者”。滚筒式洗衣机的功能概念炒作，在暴露出其技术上“尴尬”的同时，更为其发展带来不堪承受之痛。

三、滚筒时代有多远

国内滚筒式洗衣机市场，洋品牌率先掀起降价狂潮，有的甚至采用战略性亏损策略，低价快速切入中国市场占位。国内某知名洗衣机厂家也在全国42个城市发起普及风暴，将其滚筒式洗衣机的价格下调至低于其他品牌同档次产品价格400～600元。然而，滚筒式洗衣机的门槛降低，并没有激发消费者的购买欲望，反而暴露了其可观的利润空间。昔日昂贵的“高科技”产品已不再让人们雾里看花，市场的成熟促使公众理性消费观念的提高，也决定了滚筒式洗衣机高利润时代终结的开始。

权威专家一针见血地指出，不论是滚筒式洗衣机，还是波轮式洗衣机，只是洗涤方式不同，随着人们消费观念的日趋成熟，消费者最终只青睐能否洗得更干净、洗得更快、不磨损衣物、不缠绕衣物、省水节能的洗衣机。预计随着中外品牌将新技术不断武装到波轮式洗衣机上，滚筒式洗衣机将继续受到打压，很难“滚”出中国市场的春天。人们所预言的“滚筒时代”，恐怕还有很长一段路要走。

例文评析：第一段是前言，点明了预测对象是滚筒式洗衣机，并提出滚筒式洗衣机的发展前景始终“曲高和寡”，市场占有率将很低。主体部分对预测对象进行了分析，提出滚筒式洗衣机不适合中国国情，以及滚筒式洗衣机并没有高出波轮式洗衣机很多的技术含量。最后做出结论指出，随着市场的成熟和公众消费观念的提高，滚筒式洗衣机的市场销售现状一时还很难改变。

拓展训练

简要分析下文的总体构成、构成要素及不足之处。

2004年上半年杭州大米市场分析及预测

上半年，杭州市粮油批发交易市场大米价格最主要的特点是：

一是大米价格冲破历史最高记录。杭州市场粮油批发交易市场自1992年5月成立以来，江苏晚梗米的最高价格记录发生在1995年10月27日，批发价格为3 160元/吨；安徽晚粳米的最高价格记录发生在1995年8月22日，批发价格为2 900元/吨；安徽晚籼米的最高价格记录发生在1995年6月10日，价格为2 520元/吨。而今年的3月2日，杭州市粮油批发交易市场江苏晚粳米的批发价格为3 200元/吨，安徽晚粳米的批发价格3 020元/吨，晚籼米的批发价格为2 600元/吨。这三个主流品种的大米均超过历史最高记录。

二是大米价格冲高回落，但批发价格仍比年初有较大幅度的上涨。自3月2日大米价格达到历史最高记录之后，大米价格开始缓慢下跌。但大米的批发价格仍比年初有较大幅度的上涨。6月30日与年初相比，其中，东北晚粳米上涨了540元/吨，涨幅为23.5%，现价（6月30日的批发价格，下同）2 840元/吨；江苏晚粳米上涨了560元/吨，涨幅为23.3%，现价2 960元/吨；安徽晚粳米上涨了470元/吨，涨幅为20.5%，现价2　760元/吨；安徽晚籼米上涨了500元/吨，涨幅为24.3%，现价2 560元/吨。假如与去年6月30日同期相比，则涨幅更大。其中东北晚粳米上涨了740元/吨，涨幅为35.2%；江苏晚粳米上涨了1 300元/吨，涨幅为78.3%；安徽晚粳米上涨了1 200元/吨，涨幅为76.9%；安徽晚籼米上涨了1 080元/吨，涨幅为73.0%。

三是东北大米到货量明显增多，抑制了大米价格的进一步上扬。由于去年安徽、江苏农民种粮的积极性不高，加上受洪水灾害的影响，导致粮食减产，安徽、江苏等大米到我市场的成交量比往年大幅减少，而东北大米大量调入我市，平抑了大米市场的价格。以往江苏大米价格低于东北大米，而今年上半年出现了东北大米价格低于江苏晚粳米的少有现象。

下半年大米市场的趋势，主要还是看供求关系的影响，有利于大米价格上涨的因素有以下几点。

一、在新粮上市前的7月至10月间，大米供应将进入青黄不接的时期，无论是江苏晚粳米还是安徽晚粳米，货源将大大减少，有利于大米的上涨。

二、在经过4月份的雨季，又经过了6、7月梅雨季节，进入盛夏的高温，剩下的大米品质一般都较好，有利于大米价格的上涨。

三、农民种粮成本高，一些化肥农资涨价，有利于大米价格的上涨。

四、治理公路超载，运输成本提高，有利于大米价格的上涨。

五、从政策面来看，国家为了提高农民的收入，提高了粮食收购的保护价，有利于大米价格的上涨。

抑制大米价格上涨的因素有以下几点。

一、进入盛夏之后，人们对大米的需求减少，销售进入淡季，不利于大米价格的上涨。

二、国家采取有力措施，保护农民的种粮积极性，如对种粮农民每亩10元的补贴、出台了粮食最低保护价、减免农业税，等等，鼓励农民种粮，但粮食多了，价格上涨就比较困难。

综合地来看，杭州市7、8、9月这三个月大米价格可能小幅上涨，10、11、12月这三个月可能小幅下跌。

综合训练

1. 根据下面的资料，再结合近期网络游戏的发展态势（可收集一些相关资料）写一份关于网络游戏前景的比较完整的市场预测报告。

网络游戏“钱”景看涨

10月23日至26日，首届中国国际网络文化博览会将在北京举行，这场博览会将围绕网络游戏、网络音乐、网络动漫、网络视频、网络知识产权保护和内容管理五大领域展开。据了解，政府举行这场博览会的目的是为我国尚不成熟的网络文化产业搭建一个展示平台，以将分散的网络文化产业凝聚起来。

“今后几年必定是网络内容为王的天下，以网络游戏、网络动漫、网络视频、网络音乐等为主导的网上文化娱乐内容必将得到爆破式发展。”展望网络文化产业的未来，主管这一领域的文化教育部网络文化处长柳士发日前非常肯定地向记者表示。

柳士发的信心来自于市场。近两年来，由于宽带网在我国快速普及，适于宽带网用户享用的电影、电视剧、动画片、音乐会实况转播等音像内容在网上急剧增加，网络演员、网络主持人等传统媒体所没有的形式今后也将成为网络内容的新“亮点”。

但这些还不是最令市场兴奋的。在我国目前的网络文化产业中，网络游戏和短信才是名副其实的“龙头老大”。在传统的依靠广告收入盈利的模式受挫后，许多电信网络服务商正是抓住了这两棵“救命草”才得以存活下来。据统计，中国移动仅去年的短信就达到800亿条，联通也超过了100亿条。在2002年7月的一份官方调查报告中，网易的短信业务每月达到2 000万元，搜狐和新浪也在1 000万元以上。

比较而言，网络游戏的市场前景更被看好。根据CCID今年的一份统计数据，2002年我国网络游戏市场规模已超过电影，达10.2亿元人民币，而同期电影的票房总收入不到9亿元，预计2003年我国网络游戏市场将保持增长，并超过音像市场，规模可能超过20亿元，而后者的规模是18亿元。到2005年中国的网络游戏市场规模将达到80亿元。

“政府今后的发展重点也将是网络游戏，”柳士发说，“因为经济和文化的发展都应该坚持需求导向，宽带产业的未来在于内容产业，而网络游戏的市场需求很大，此外，短信市场的发展已经比较成熟，上升的速度和潜力已不会比网络游戏大。”

事实上，政府已经做出了动作。2002年9月，网络游戏技术研发被纳入了国家863计划，网络游戏的合理性首次得到官方的肯定；紧接着，文化部又向国内12家网络游戏业的实力厂商首批颁发了《网络文化经营许可证》。“这只是一个表明政府态度和政策的信号。”柳士发说。

这个信号表明政府将加大对本土网络游戏的扶持力度。目前，由于技术滞后，国内网络游戏市场基本上以代理国外游戏为主，核心技术的80%被外商掌控，目前韩国游戏占据了国内游戏市场的半壁江山，有统计说，韩国游戏在中国每年的收入至少有3个亿。政府希望通过863计划的支持，为国内游戏厂商搭建一个核心技术平台，保护中国游戏软件的自主知识产权。

另一个值得注意的官方动作是，今年年内文化部将加大对网络游戏的监管力度，其中很重要的一个举措就是实行进口游戏审查制，对内地公司受理外国网络游戏发行采取一定的限制措施。柳士发透露，科技部也在制定相关的科技发展规划，准备把网络游戏列入现代服务业，加以扶持和发展。不过，柳士发同时也表现了忧虑，作为高科技与文化结合的产物，网络文化产业尤其是网络游戏，政府的管理肯定会存在一定的难度。如何划分管理权限和范围，以及如何加强对内容的监管，都不是容易的事情。

对于本土游戏的发展方向，柳士发表示，开发商理应充分利用中国古代文化资源，实际上韩国打入中国的一些网络游戏也是中国题材内容的，像《三国志》、《西游记》等优秀作品将成为开发首选。

不过，政府也不会忽略网络文化中其他产业的发展。柳士发表示，网络游戏受到关注较大，只是因为它是这个行业中发展比较成功的一个模式，而政府对整个网络文化产业的依法管理和规划才刚刚开始。政府以此为依托加快整个产业的发展。

资料来源：中国商业网，2003-10-13.

2. 请根据下列资料，拟写一份市场预测报告。

（1）预计2005年，本地电话户数将达到2.3亿左右，2001—2005年之间全国平均增长率为12%，其中城市地区为8%左右，农村地区接近20%。

（2）住宅电话仍是最大的用户群体，农村电话用户将逐步成为本地电话的市场主角；中西部的地区差距将逐步缩小。

（3）预计到2005年，全国移动电话用户数将达到1.6亿左右，平均增长速度为26.2%，其中东部地区为24.55%，中部地区为26.7%，西部地区为31.6%。

（4）未来几年移动电话用户将更加普及；移动电话需求业务将逐步向简单消息业务、数据交换业务、中高速多媒体业务、高速交互多媒体业务转移。

（5）2001—2005年，数据和多媒体业务市场年增长率为49%。其需求内容将从窄带业务向宽带业务转移，从分类点播式业务向高速互动业务转移，多媒体用户将达到6 300万左右。

（6）未来几年内，我国通信业将以年均15%以上的速度增长。预计2005年市场总规模介于6 500亿元～7 200亿元之间。

（7）固定电话用户居于绝对优势的格局被打破，移动电话用户比例将显著上升；中西部边远地区的用户将显著增加，中小城镇用户的比例上升速度最快。在业务需求内容上，业务增长的重点从话音业务需求转向多媒体业务需求，从单一业务转向综合业务，从窄带业务转向宽带业务，从低速业务转向高速业务。

任务七　可行性研究报告

训练目标

通过本任务的训练，掌握可行性研究报告的写法，体味例文，模拟写作，培养撰写可行性研究报告的能力。

知识要点

1. 可行性研究的定义

可行性研究是指在某一项经济活动实施之前，通过全面的调查研究和对有关信息的分析，以及必要的测算，对项目进行技术论证和经济评估，以确定一个“技术上合理、经济上合算”的最优方案，为决策提供科学依据。

2. 可行性研究报告的特点

（1）预测性

可行性研究要根据现有的资料信息来预测投资建设期以后的市场，调查和估计未来的竞争对手，设计未来的产销策略，并对未来市场需求状况做出科学的估量。

（2）系统性

可行性研究是一个系统工程，研究报告本身也具有系统性，要按照项目系统内部的联系和发展顺序，综合协调地分析论证。

（3）论证性

论证性是可行性研究报告的根本特性。在报告中通常综合采用多种论证方法，如对比分析、因素分析、实地调查、实验观察等，进行全面、细致、准确的论证，从不同侧面来证明某个项目的可行或不可行。

（4）广泛性

可行性研究报告不能仅仅分析经济上的可行性，要以经济分析为主，同时研究社会、技术、环境等多方面的可行性。

3. 可行性研究报告的作用

① 可行性研究报告是经济开发、工程建设的首要环节，是避免投资失误、提高投资经济效益的重要手段。

② 可行性研究报告为本单位对该项目的决策和上级主管部门对该项目的审批提供依据。

③ 可行性研究报告为银行或其他金融机构对该项目的投资提供决策依据。

④ 可行性研究报告是编制设计任务书的依据。在可行性报告中，对选址、建设规模和进度、主要生产流程和主要设备的选型，都做了技术论证，为设计任务书的编制提供了可靠依据。

4. 可行性研究报告的写作结构

（1）标题

标题的写法有编写单位+项目名称+文种，如《××机床厂关于××项目的可行性研究报告》；也可省略编写单位，简化文种名称，上述标题也可写成《关于××项目的可行性研究》。

（2）项目基本情况

项目的基本情况通常包括项目名称、主办单位、技术的经济负责人、进行可行性研究的人员等内容，该部分内容亦可放到正文的前言里。

（3）正文

可行性报告的正文一般包括前言、主体、结论三部分。

① 前言又称总论，简要陈述项目的原因、依据、目的，实施单位的简要情况，以及该项目可行性的总的论断。

② 主体是可行性研究报告的分析论证部分，要求采用系统分析的方法，以经济效益为中心，围绕影响项目的各种因素，运用大量的数据资料论证拟建项目是否可行。这部分涉及的内容主要包括以下几方面。

- 市场需求的建设规模论证。首先是对未来产品的销售预测，包括国内外市场的需求量、生产同类产品厂家的生产能力、产品在市场的竞争力等；然后对拟建项目的建设规模和产品生产方案从技术上、经济上加以论证。
- 资源、原材料、能源、厂址、交通运输条件、外部协作等客观条件的论证。
- 项目设计论证。主要是对建设项目自身的各个方面，如项目的设备选型、全厂总图布置、工艺流程、生产方法、公用辅助设施等加以技术经济论证。
- 资源企业组织与建设计划论证。首先是对主办项目单位的管理体制、机构设置、管理人员与生产人员配备和培训计划等进行一般的分析论证；然后对项目的总体计划和日程安排加以技术经济论证。

- 资源资金筹集论证。主要是对资金的来源、筹集的方式、资金的数额及使用时间的安排等，论证其合理性、可靠性。
- 资源财务和经济评价论证。主要是对项目的经济效益做出评价。财务评价主要是对项目生产成本与销售收益估算等进行评价；经济评价主要是对项目在整个国民经济中的综合经济利益进行分析。
- 资源环境保护论证。主要是投产后对生态、环境的影响进行预测和评价，对治理三废、保护环境的方案加以技术、经济论证。

以上各个方面，不同的可行性报告，可以选择不同的重点，不一定都要面面俱到地加以论证，也可根据项目的需要，增加新的内容。

③ 结论主要是根据上文的论证，对项目建设的整体必要和可行做出明确肯定的判断，以科学的数据表明项目的必要性和可行性。

（4）附件

一些不宜放在正文中，但又具有一定参考价值或补充作用的材料，可作为附件处理，如试验数据、论证材料、统计图表、设计图纸、专题说明材料等。

5. 可行性研究报告的写作要求

① 拓宽视野。立足现实，着眼未来。

② 实事求是。从实际出发，将对项目有影响的各种因素和条件全部考虑在内，在综合权衡利弊得失的基础上，选出最佳方案。

③ 讲求科学。正确估算基础数据，采用动态分析，定量与定性相结合的分析方法，增强测算的精确程度。

④ 论证合理。论据准确翔实，综合运用列举归纳论证、逐层推进论证、对比分析论证等多种论证方法，增强报告的说服力。

例文阅读

鸵鸟养殖开发可行性研究报告

河南金鹭特种养殖股份有限公司

一、鸵鸟养殖开发概况

鸵鸟原产于非洲，是世界现存体型最大的草食性鸟类，不能飞行，但善于奔驰。成年鸵鸟体重约120～150千克，身长1.75～2.75米。鸵鸟生长很快，一岁龄的鸵鸟体重可达100千克以上，新生鸵鸟在18—20月龄时可达成年高度。一般雌鸵鸟在2～2.5岁，雄鸵鸟3岁可达性成熟。雌鸵鸟在18个月龄开始产蛋。鸵鸟一生繁殖时间很长，可持续繁殖至40岁左右，平均寿命为70岁。鸵鸟具有寿命长、繁殖力强、生长快、耐粗饲、耐干旱、抗病力强、适应性广等特性。鸵鸟肉是高蛋白（含有21种人体必需的氨基酸）、低脂肪、低胆固醇、低能量、口感鲜嫩的优质红肉，是人类理想的健康食品。据营养学家预测，它将成为人类21世纪主体肉食之一。鸵鸟皮具有柔软、坚韧、透气性好，以及其毛根形成的美丽图案等特点，是制作高档服装、服饰、皮鞋、箱包的优良原料；其价格高于鳄鱼皮，在国际市场上供不应求。鸵鸟油具有较高的医药价值，可被制作成高档的化妆品和性能优良的医药品。鸵鸟的蛋、毛、骨可以制作工艺、轻工等产品。可以说鸵鸟全身都是宝。

鸵鸟有150年的驯化历史，19世纪以前饲养鸵鸟的目的在于获取其美丽、昂贵的羽毛，其市场几乎为南非所垄断。20世纪80年代，随着鸵鸟产品的开发成功，高档鸵鸟皮革和鸵鸟肉食推向市场，鸵鸟饲养业迅速发展起来。目前，鸵鸟在南非、津巴布韦等原产地国家已进入产业化商品生产阶段，美国、澳大利亚及北欧一些国家，也在不断发展，亚洲以我国发展最为迅速。

二、鸵鸟养殖开发市场前景

由于鸵鸟具有耐粗饲、适应性强等前文所述的诸多优点，符合国家发展“节粮型”草食动物这一产业政策，得到国家大力支持。姜春云副总理在中国鸵鸟养殖开发协会成立时曾提出：“我国有大量沙荒地和不宜耕种的非耕地，饲草资源又非常丰富，发展鸵鸟养殖前景广阔。这对于调整农业生产结构和人民群众的食物结构，提高农业经济效益，繁荣农村经济，将起到重要作用。”国务委员陈俊生同志也明确提出“开发鸵鸟产业，繁荣农村经济”的方针。可见，国家对鸵鸟的养殖开发非常重视。

鸵鸟养殖开发是一项新兴产业，在我国仅仅有4年的开发历史。目前，全国存栏量不过8万只左右。只是进入育种、规模的起步阶段，远远达不到商品产业开发的要求。根据中国鸵鸟养殖开发协会制定的发展规划：力争在20世纪末形成我国产业的雏形，最终目的是在我国形成集生产、科教、加工、贸易于一体的现代化的在国内外市场占有举足轻重地位的鸵鸟产业。规划2000年的主要生产指标如下。

1. 拥有3岁龄以上的良种产蛋鸟5万只。
2. 年存栏鸵鸟100万只，出栏15万只。
3. 生产鸵鸟肉600万千克，鸵鸟皮15万张。
4. 生产优质鸵鸟专用饲料20万吨。
5. 羽毛、蛋壳、骨骼、内脏等加工副产品能得到充分利用。

设想到2010年，我国将拥有良种产蛋鸵鸟1 000万只，年产商品鸵鸟3亿只，通过以上数字可以看到养殖鸵鸟的前景极为广阔。

三、鸵鸟养殖开发的社会效益和经济效益

鸵鸟的适应性很强。可以在−30～45℃的自然环境中正常生长、繁殖，对生存的地理条件要求较低，不必占用耕地，可以充分利用沙荒、丘陵、坡地和干旱地区。对鸵鸟的养殖地周围环境不会造成污染。鸵鸟以露天围栏饲养为主，投资省，建场快，且饲养多以青饲料和粗饲料为主。因此，发展鸵鸟产业有利于充分利用我国的饲草资源，发展饲草业；有利于开发我国大片的沙荒地，改良非耕地；有利于农业产品结构的调整，形成地区新的经济增长点；有利于促进农村经济的发展，帮助农民脱贫致富；有利于相关产业的建设，安置剩余劳动力；有利于市场繁荣，丰富人们的“菜篮子”。

鸵鸟的生殖能力很强，生产速度很快。进入繁殖期的种鸟，年产蛋约为80枚。如果受精率、孵化率及成活率都按80%计算，则每年可产出40只幼鸟。幼鸟10个月即可达到100千克以上，若出肉率按45%计算，一只育龄雌鸟在一个生产年度内可产出鸵鸟肉1 800千克。根据目前国内市场的收购信息，每千克鸵鸟肉的收购价格为60元，则产出价值为10.8万元。相应的每只雌鸵鸟还可以生产出40张鸵鸟皮，每张皮的国际售价依据等都可加工制作成上市产品。鸵鸟还可作为观赏动物供游人观赏。所以，鸵鸟养殖开发是有着广泛而深远的社会效益和巨大经济效益的新兴产业。

四、经济效益分析（以饲养120只青年鸟为例）

1. 投入

购进120只3月龄青年鸟，每只3 000元，共计36万元，租用50亩沙荒地或非耕地，每亩租金120元，共需资金每年6 000元，三年租金1.8万元。

建30个标准围栏，每个2 000元，共计6万元，建办公、生活用房120平方米，每平方米400元，共需资金4.8万元。

工人工资：8（人）×2000元/月×12×3年=57.6（万元）

购置孵化机两台，需资金2万元。

建30平方米孵化室，每平方米500元，共需资金1.5万元，建育雏室及辅助设施需资金5万元。

3年饲料费用约需21.6万元（每只每年600元）。

生产、生活配套设施约需资金15万元（包括生产、生活用车，供水、办公用品等）。

3年共计投资151.3万元。

2. 产出

青年鸟饲养两年后开始产蛋，每只母鸟按年平均产蛋80枚，受精率、孵化率、成活率均按80%计算，可生产出健康小鸟40只，同时可生产白蛋28枚，如果一只小鸟出售价为2 500元、一枚白蛋售价100元。每只母鸟一年可提供产值10.56万元，80只母鸟第三年可创产值844.8万元。

利润为：844.8-151.3=693.5（万元）

同时120只青年鸟已长成产蛋种鸟，按目前鸟市场价每只3万元计算，则可实现升值360-36=324（万元）

如果把生产的小鸟饲养成为成年商品鸟（一岁龄），出售或屠宰，则产值更为可观。

五、风险分析

1. 技术风险：由于鸵鸟适应性广、抗病力强，饲养、孵化、育雏技术易于掌握，因此技术风险很小。

2. 社会风险：随着鸵鸟养殖业规模的不断扩大，人们会逐渐认识并接受它。

3. 经济风险：鸵鸟养殖投资回收快，收益高，经济风险很小。

例文评析：这是在网站发表的可行性研究报告，意在商业推介宣传，并非真正拿去请主管部门审批的，所以细读起来会发现某些问题的分析论证不够系统、全面。比如环境污染、禽病风险等都没有论及，困难讲得少了一些。但这种通俗化、大众化的写法，对于小项目和初学者来说，有一定的参考价值。

综合训练

1. 某大型超市计划在你所在的大学附近建一家连锁店，各项工作尚待展开。请代拟一份可行性研究报告，全面深入地分析其赢利的概率与风险。

2. 经过一段时间的考察，某同学想在学校附近开一家30平方米的茶座，但苦于资金不足，故想找合伙人。请你代其拟一份可行性分析报告给合伙人，注意要全面、客观。

3. 通过对大学家教活动的观察，某同学意识到家教市场有着巨大的利润空间，然而目前家教行业处于自发状态，缺少有实力的、较规范的、有知名度的中介公司，该同学决定筹措资金成立一家家教中介服务公司。请代其拟一份可行性分析报告。

任务八　经济活动分析报告

训练目标

通过本任务的训练，掌握经济活动分析报告的写法，体味例文，模拟写作，培养撰写经济活动分析报告的能力。

知识要点

1. 经济活动分析报告的定义

经济活动分析报告是根据经济活动的各项计划指标、统计报表、会计核算及其他调查研究所掌握的资料，对本部门或本企业一定时期内的经济状况进行分析、研究、评估后写成的书面报告。

2. 常用的分析方法

（1）比较分析法

比较分析法是将两个以上具有可比性（时间、内容、项目、条件等）的数据加以对比，并根据对比的结果来研究经济活动的一种方法，如比计划、比历史、比先进等。

（2）因素分析法

因素分析法是将经济现象总体的发展变化分解成各个因素进行分析，研究各个因素变化的原因及其对总体的影响。运用因素分析法时必须注意，首先要抓住主要因素作为重点分析，一般不必要面面俱到；其次要注意分析带有倾向性的问题（包括现阶段的，也包括从发展趋势看未来可能上升为主要倾向的问题）；最后要对客观因素、主观因素同等重视。

（3）动态数列分析法

动态数列分析法是将不同时期经济活动的同类指标实际数值进行比较，求出比率，进而分析该项指标增减和发展情况的方法。

除以上方法外，还有预测分析法、平衡分析法、时间分析法、指数分析法、差额分析法、线性分析法等，分别从不同的角度进行经济活动分析。

3. 经济活动分析报告的写作结构

（1）标题

标题形式多样，一般由单位名称、分析时限、分析内容和文种四个要素组成，如《××设备厂11月份生产成本分析报告》、《××百货大楼20××年度财务分析报告》。

有的可根据情况省去其中一项或两项要素，如《工业流动资金运用情况的分析》、《日用百货库存结构分析》。

也可以分析报告提出的建议、意见、观点作为标题，如《20××年我国金融运行状况的政策建议》。

也可采用双标题，如《零售市场全面复苏，商品销售走出低谷——20××年第二季度市场简析》。

（2）前言

前言要提纲挈领，一般用简练概括的语言或典型的数据，对分析对象基本情况的要点进行简要介绍。

（3）正文

正文是分析报告的主体部分，运用资料和数据对分析对象从整体到局部进行具体分析说明，反映出分析的过程和结果。一般包括基本情况、评估分析、建议措施三个部分。

① 基本情况：先用事实、数据勾画出分析对象各方面进展情况的总貌，说明各项经济指标的实际情况，可运用对比、分解、综合的方法，介绍情况、找出差异。如果在前言中已经写了这方面内容，那就可以直接进行分析评估。

② 评估分析：运用各种分析方法对反映经济活动状况的事实数据等进行充分、准确的分析和解剖，通过对造成差异或矛盾的主观和客观原因进行认真分析，找出问题的症结所在，揭示出问题的本质和经济活动发展的规律。在分析时，应突出重点，不能平均对待。

③ 建议措施：在分析的基础上做出结论和评估，提出有力的建议措施。建议和措施要切中要害、切实可行。一般都是分条列出，也可将建议措施和分析评估糅在一起写。

正文的三个部分基本上是围绕提出问题、分析问题、解决问题的思路来进行安排的，以清楚地阐述经济活动“怎么样”、“为什么这样”、“应该怎么办”的问题。这种结构安排了事物的内在联系，符合人们认识问题的规律。

（4）结尾

大多数经济分析报告不专门安排结尾部分，一般写完建议后即自然结尾。也有些分析报告写几句总结式或展望式的话，作为结尾以结束全文。

4. 经济活动分析报告的写作要求

① 从方针政策和理论的高度进行分析。

② 抓住主要矛盾，切实解决问题。

③ 用翔实准确的数字使分析报告更具说服力。

例文阅读

××公司2007年经济活动分析报告

刚刚过去的2007年，是公司发展史上极不平凡的一年。我们独立监理的500 kV张隆等4条线路和2个变电站是重庆500 kV“日”字形环网的重要组成部分，为重庆电网超速发展和重庆经济社会发展做出了较大贡献。在董事会的领导下，公司领导班子带领全体员工始终围绕着“和谐社会”与“安全稳定”的宗旨，深入学习贯彻党的十七大精神，各项工作取得了显著成绩，各项经济指标同比大幅增长。公司“硬实力”不断增强，“软”实力持续提升，公司经济效益创历史最高纪录。

一、生产经营主要指标完成情况

1. 计划任务完成情况

2007年公司接手项目813项，其中：2006年接转项目54项；2007年新开工753项，未开工39项；2007年完工678项，接转2008年96项。

项目管理60项。其中……

监理753项。其中……　　……如表1。（表1略）

项目管理累计完成电网基建投资28.6亿元；投产110 kV及以上线路1 502 km,完成全年计划的106%；竣工投产110kV及上变电容量4 916 MVA，完成全年计划的112%。

监理累计完成110kV及以上基建工程23项，新装主变15台2124 MVA……

2. 合同签订情况

2007年计划签订合同……完成年度计划的177%，同比增加2 940万元，增长63%。详见表2。（表2略）

（三）产值完成情况

2007年计划完成产值4 200万元，实际完成产值5 597万元（其中：项目管理产值2 583万元……），完成年度计划的133%，同比增加1 294万元，增长30%。

（四）财务收入状况分析

综合上述分析，公司2007年经营指标完成较好，与历史比，与同行比，与重庆市监理企业比，合同、产值、收入增长幅度较大，其主要原因在于公司领导带领全体职工紧紧围绕董事会制定工作目标和具体部署进行了卓有成效的工作，取得了较大的成绩。从生产、经营管理入手，抓了以下几方面工作。

1. 安全优质地完成全年生产任务

（1）工程安全形势出现良好局面。

（2）工程建设质量大幅提高。

（3）推行典型设计节约投资。

（4）工程档案管理规范有序。

（5）监理管理水平不断提高。

2. 经营管理工作成效显著

（1）抓经营目标。一年来，公司按照董事会确立的经营目标，以抓管理促经营的工作方式，内强管理、外抓市场，坚定目标抓发展，全面完成了年度生产经营目标。

（2）抓管理工作。一是抓制度建设和组织机构建设；二是根据工程需要招聘人员充实到项目管理及监理管理中，保证公司主营业务的正常发展；三是加强资质管理，确保公司经营活动正常开展；四是公司实行质量体系年审，基础工作得到加强；五是以人为本，保证职工合法权益的实现。

（3）抓成本控制。一是制定了……；二是……；三是集中调配车辆，提高车辆的使用效率，加强对车辆运行费用的审查管理，减少了用车数量，节约了成本费用。

（4）抓人才培养。加大培养力度，采取外送培训、学习考察、自主培训等多种方式进行培训，全力提高人员素质，取得了一定的成效。

二、存在的困难和问题

1.公司人力资源不足，缺乏市场竞争力。

2.项目成本未达到预控，成本管理力度不够。

针对目前存在的主要问题，我们积极找对策，在差距中找潜力，切实增强加快公司发展的紧迫感、责任感和使命感，谱写好渝能监理发展的新篇章。

三、2008年经营工作计划、思路及对策

面对激烈市场竞争，要完成全年经营指标压力较大，经营形势依然艰巨。我们在认清当前形势的同时，坚定不移地推进各项工作，完善经营工作界面划分和流程梳理，完善规章机制，进一步推进公司精细化管理；推行执行理念，深化目标管理，聚焦主营业务，提升管理效率，实现高质量增长。

1.2008年经营指标计划

（1）经营收入、权益利润计划。全年计划实现经营收入3 400万元，权益利润900万元。

（2）合同、产值计划。全年计划签订合同3 305万元（不含接转合同2 737万元），完成产值3 700万元。

2.2008年经营工作思路及对策

（1）坚持经营目标不动摇，高质量完成全年目标。以市场为根本，以效益为中心，以管理为依托，以勤奋为天职，咬定目标不放松，力争超额完成全年经营目标。

（2）进一步提高员工素质，增强公司核心竞争能力。对于一个智能性的公司而言，能否具有生机和活力，关键在人才。公司要进一步造就一支理解公司目标、精神，思想作风过硬，有战斗力的员工队伍。

（3）进一步加强成本控制，加强项目成本管理，一是以成本预测为目标，以成本控制为基础，以成本监督为手段，实行全员、全过程的成本管理……五是核算中正确计算成本，预算与实际成本值科目和口径要一致，客观反应经营成果。

2008年面临改革的任务，公司将变压力为动力，以贯彻党的十七大精神，推进公司和谐健康发展为契机，经营管理力度再加大、措施再加强、标准再提高。同舟共济、相互理解、相互支持，充分调动员工的积极性和创造性，充分发扬“没有任何借口，想尽办法去完成每一项工作任务”的精神，再接再厉、扎实苦干、拼搏进取，确保全年任务目标的实现。为公司发展做出新的贡献。

资料来源：现代经济，2007.

例文评析：这篇经济活动分析报告结构完整，层次清晰，逻辑性强，分析和论证都充分有力。文章通过2007年经济活动分析，找出经济运行中存在的问题，研究解决的办法，对增强企业经济效益，提高经营管理水平，具有特殊意义。

开头指出写作本报告的重要意义，主体结构为“三大块”式。由生产经营主要指标完成情况，存在的困难和问题，2008年经营工作计划、思路及对策组成。首先运用比较分析法对公司经济活动的各个方面进行了专门分析，具有很强的说服力。最后针对上述分析结果提出2008年的经营指标计划、工作思路及对策，指标具体，措施切实可行，可以指导下一步工作顺利开展。结尾表明公司2008年改革的决心，首尾照应。

综合训练

1. 请根据下列分类整理的资料，拟写一篇××商场2009年财务分析报告。

（一）主要财务指标

（1）全年商品销售额800万元，比计划增加15%，比上年同期增加30%。

（2）全年费用水平为4%，比上年下降10%，相对节约费用2万元。

（3）全年全部流动资金周转天数为10天，比上年加快1天，相对节约流动资金占用额3万元。

（4）本期纯利润额为40万元，比上年增长50%，每百元销售额平均利润5.5元，比上年上升20%。

（二）采取的主要措施

将经营财务指标与班组评奖挂钩。把商品销售额、销售利润、费用率、资金周转率、商品损耗等财务指标的实际完成情况，作为月度评比奖励的主要依据，这样有效地调动了职工的积极性。

（三）存在的问题

（1）某些班组商品资金占用不合理，导致全场商品资金周转减慢。

（2） 商品损耗率普遍增高。

（3）费用支出有浪费。

（四）今后意见

（1）进一步健全各种规章制度，完善岗位责任制。采购、验收、搬运、保管等环节要按规定的程序办事，并与月度评比奖励挂钩。

（2）针对个别班组深入剖析，采取措施，加强商品资金周转管理。

（3）厉行节约，制定应酬接待标准、规格。

2. 阅读一篇本市、省或者国家发布的经济分析报告，体会其书写特点，并按照经济活动分析报告的篇章结构，将报告中的各部分明确地划分出来，拟写一份分析报告提要。

第六单元

毕业论文写作技能训练

训练目标

通过本单元的训练，了解毕业论文的规范写法，体味例文，培养撰写毕业论文的能力。

知识要点

1. 毕业论文的定义

毕业论文是高等学校应届毕业生毕业前在老师的指导下，针对某一课题，综合运用自己所学专业的基础理论、基本知识和基本技能撰写的论述性文章。

2. 毕业论文与答辩的作用

① 是课堂教学和非课堂教学的重要补充。

② 具有强化学生学习素质、研究素质和创业素质的作用。

③ 具有提高实践能力的作用。

3. 毕业论文的结构

一份完整的毕业论文结构应包括以下几个方面：封面、目录、题目、内容摘要、关键词、正文（绪论、本论、结论）、注释和参考文献。

（1）封面

封面包括标题、作者、所属学校及专业班级、成文日期四部分，封面应鲜明朴实，准确得体。

（2）目录

目录是文章的纲目，应注明所在的页数，以便阅读。

（3）题目

题目即标题，题目应简短、明确、概括论文的中心和作者的观点，有吸引力，引人注目，对全文起到提纲挈领的作用。论文题目的写作要求：① 要醒目，能确切地反映论文的内容及其研究的范围和深度；② 题目避免不常见的缩略词、字符、代号和公式；③ 文字要适当，概念要明确，切忌空乏；④ 正标题字数不宜超过20个字，如果有些细节必须放进标题，可以分设主标题和副标题。

（4）内容摘要

内容摘要以浓缩的形式概括论文的内容，提示论文主要观点，让人掌握论文的大致轮廓，其重点是研究的结果和结论。文字必须简练，应具有高度的概括力，篇幅一般不超过论文总字数的5%，中文摘要在300字以内，英文摘要以250个左右实词为宜，一般写在中文摘要的后面，也可附在正文后面。

（5）关键词

关键词也称“主题词”，是论文中具有代表性、概括性的几个关键术语，用以表示全文主题内容信息。每篇论文一般选用3～8个词作为关键词，另起一行排在左下方，并要求尽量用《汉语主题词表》提供的规范词，关键词之间用空一格或用分号隔开。

（6）正文

毕业论文作为学术论文的范畴，其正文的基本型是“绪论—本论—结论”三部分。若采用调研报告型论文的文体形式则是“实际情况—原因分析—对策建议”。不论采用何种文体形式，均应遵照“提出问题—分析问题—解决问题”三段式结构。

① 绪论：又称前言、引论、导言、引言，位于论文首段，或用几段表述，是论文的开场白。

绪论的撰写视写作的内容而定，一般可包括文化写作背景，研究的缘由，写作的动机、目的、意义；提出中心论点；课题的性质、范围及其重要性或价值；有时也提出研究的方法和材料的依据等。绪论一般只写其中的一个或一些内容，应做到提纲挈领，简明扼要。

② 本论：又称正文，是论文的主题和核心，创造性的信息主要反映在这部分，是衡量学术水平高低和质量好坏的主要标志。

本论的写作，首先，要有第一手、第二手材料，要有内容，材料要丰富、典型、新颖；观点和材料要高度统一；通过丰富的材料、数据和多角度分析，论证并阐明中心论点。

其次，论证层次要清晰，逻辑要严密，结构要严谨，一般可采用直线推论，又称为递进式结构（即提出一个基本观点后，步步深入，层层展开论述观点）；也可采用所谓并列分说，又称并列式结构（即把从属于基本论点的几个下位论点并列起来，分别加以论述），有时也可将上述两者结合起来运用，称为混合型。

本论内容是否充实、论证是否严密、观点与材料是否统一，将决定全文的质量，是写作成败的关键。

③ 结论：是论文最终、总体的结语。

毕业论文的结论应包括以下几方面内容：通过严密论证得到的结果；对课题研究的展望；最后对在整个研究过程中给予支持和帮助的同志表示谢意。

（7）注释和参考文献

注释是对文中引文出处的交代说明；参考文献是指撰写论文时参考和引用的文献资料，是完成毕业论文不可缺少的组成部分。

4. 毕业论文的写作流程

① 选题。

② 文献检索与调查研究。

③ 拟写提纲。

④ 写成初稿。

⑤ 修改与定稿。

5. 毕业论文的答辩

毕业论文答辩是指在撰写毕业论文的基础上，由所在学校的专业教师或有关专家3～5人组成答辩委员会，就论文中涉及的问题与撰写毕业论文的作者面对面，由答辩老师对论文提出有关问题，让作者当面回答，是整个毕业论文工作的重要组成部分。

（1）答辩的准备

首先做好向答辩委员会简要汇报提纲，时间限于15分钟。准备时要突出重点，抓住关键，简要清晰。内容包括：选题的缘由和依据；本课题研究的起点和终点；写作中做过哪些调查。准备的内容不是对论文的简单复述，而是对论文的综合、概括、提炼、充实和剖析。

（2）答辩的程序

① 先由答辩委员会主任或答辩小组组长宣布开始，宣读答辩委员会成员名单、答辩纪律、论文答辩者姓名、论文题目。

② 论文答辩者宣读论文主要内容（10～15分钟左右）。

③ 宣读指导教师和论文评阅人的学术评语。

④ 答辩成员将预先准备的问题向答辩者提问，答辩者回答问题。

⑤ 暂时休会。答辩委员会进行是否通过表决。

⑥ 答辩结束。

6. 答辩应注意的问题

① 集中思想，有问有答。

② 神态自如，情绪稳定，实事求是应对。

③ 态度要虚心、诚恳、有礼貌。

例文阅读

评析企业潜亏的因与果

张玉姝

企业经营成果的好与差，人们习惯于从会计报表上反映的利润或亏损来评价，只重视账面的明亏，而忽视潜在的隐亏。企业存在隐性亏损，危害性极大，这是一种只顾眼前利益、坐吃山空的败家行径。本文试对企业出现潜亏现象的因与果进行浅析。

笔者最近参加了企业潜亏情况的调查，从中发现在被调查的企业中，存在的潜亏高者达900万元，最低的潜亏额也有100万元。仅据七户企业潜亏情况统计，潜亏总额高达2 700万元。企业的潜亏主要表现在以下几种形式。

1. 固定资产账实不符。在技术改造项目中尤其是引进设备方面更为突出。有些企业不讲条件、不作调研、盲目引进、缺乏可行性分析，引进之后即搁置，形成潜亏。例如，某企业从国外引进高档伞梗机，投资50多万元，由于前后工序不配套，致使机器不能运转，日晒夜露，变成了一堆废铁，有账无物，成了企业潜亏。

2. 费用变成资产，成本计算不实。不少企业把应计入成本的加工费用、材料差异、提取折旧、利息支出等长期放在待摊费用账户上，以达到少列成本、虚增利润的目的。例如，某企业仅银行借款利息一项，一年即达220万元，长期放在待摊费用账户上变成企业潜亏。

3. 虚开销售发票，虚增销售利润。例如，某企业年末虚开销售发票40多张，计250万元，虚增利润23万元。到年初再开红字发票冲销。造成当年利润虚增，周而复始，形成巨额潜亏。

4. 流动资产损失长期挂账。例如，某企业生产成品盘亏45万元，原材料盘亏13万元，原因已查明，企业仍长期挂在待处理财产损失账户上，不申报、不处理、形成虚盈实亏。

5. 产品成本高于销售价格。例如，某企业库存商品中有17个型号产品，成本高于售价，造成潜亏损失110万元。又如某厂由于受压库指标制约，将成本高于售价的123万元产品挂在基本生产账户上，造成隐性亏损。

6. 结算资金长期不清理，存在明显的坏账损失。在笔者参加调查的企业中家家都存在不同程度的坏账损失，未作及时处理，存在潜在亏损。

企业潜亏表现当然不止上述六种，还可以举出不少实例，如企业内部管理混乱、生产车间浪费严重，库存材料霉烂变质等问题。这些企业为什么会存在如此严重的潜亏情况？原因很多。笔者认为由下列因素造成。

1. 企业承包经营机制不完善。现在企业承包经营普遍存在承包经营机制不完善、承包基础不科学、承包考核指标不配套等问题，从而使企业的承包经营者重指标、轻管理，只顾眼前利益，不顾长远利益；只顾局部利益，不顾整体利益。国有资产的完整和增值，成本、利润的合法和真实等许多方面，在承包协议、承包政策中都未做出明确规定，以致承包经营者在承包期内为获取目前利益采取竭泽而渔的短期行为。例如，某企业承包基数为58.1万元，而账面利润达194万元，为承包基数三倍以上，按理完全可以消化部分挂账，消除若干隐性亏损。但承包经营者考虑任期已满，为求得突出政绩和拿到承包奖金的实惠，故意把许多按财政制度规定理应属于当年成本列支的费用，如折旧费用、材料差异、外加工费都记在待摊费用账户上，把费用转为资产，致使企业潜亏金额达350多万元。

2. 企业对市场经济、市场调节缺乏应变能力。在市场变化，品种老化、商品寿命周期加速，产品面临淘汰的关键时刻，企业不搞新产品开发、不搞结构调整，却仍片面追求产值，盲目组织生产，导致库存积压、成本上升、资金搁死。为了应付上级和照顾职工情绪，就采取虚列利润，导致企业隐亏。

3. 企业经营管理不善和经营管理者素质不高。这是造成各种潜亏的根本原因。一些企业经营者不能正确处理好国家、集体、个人三者利益关系；只考虑完成承包指标，个人可以拿到好处，而不顾国家政策法令、财政纪律，任意调节产品成本和企业利润，指使财会人员做“技术处理”，造成企业账实失真，利润失实。

企业潜亏危害极大。从国家经济发展来看，企业潜亏造成企业资产失实，盈亏失实，给宏观决策提供失真的经济信息，直接影响国家经济决策。从企业经济发展来看，潜亏导致企业生产经营萎缩。企业虚盈实亏，既将部分流动资金当作税赋上缴国家财政，又将另一部分流动资金作为消费基金，用于经营者和职工的工资、奖金、福利支出，超前分配。如此周而复始形成恶性循环，使企业的再生产能力越来越小，最后导致破产。

解决企业潜亏问题已迫在眉睫。首先，各级领导要高度重视潜亏问题，采取有力措施，加强行政监督，对弄虚作假导致人为潜亏的责任者要坚决查处，敢动真格；其次要完善企业承包经营责任制内容，完善承包经营考核指标，对承包完成情况必须先经过审计，才能确认、考核，以制约承包者的短期行为；其三，指导和帮助企业转换经营机制，调整产品结构。引导企业从计划经济走向市场经济，增强适应市场经济能力，增强企业生产经营活力，逐步消除潜亏隐患；其四，强化企业内部管理。

我国《企业财务通则》、《企业会计准则》已经颁布实施。据此，必须健全制度，强化管理，增强自强、自律意识，增强自我约束能力，真实地反映企业经济效益，加强会计监督，从根本上杜绝潜亏病灶。

例文评析：这是一篇经济类毕业论文。绪论首先指出人们习惯重视账面的明亏，而忽视潜在的隐亏，从而使本文提出的研究企业潜亏问题具有背景和价值。本论部分，先提出潜亏的主要形式有六种，这些潜亏形式即为论题中的“果”。本论继而提出潜亏之三个“因”，接着从多方面提出潜亏的危害。文章末两段写解决企业潜亏问题的若干办法和急迫性。末两段内容如果保留，则将论题改为《企业潜亏的因与果及对策》较好。文章主要采用例证法和因果法展开论述观点鲜明，结构分明，语言概括、精确、明晰。

综合训练

结合个人兴趣和所学课程，撰写一篇小论文。

附录A

党政机关公文处理工作条例

（中办发〔2012〕14号）

（2012年4月16日由中共中央办公厅和国务院办公厅联合印发）

第一章　总　则

第一条　为了适应中国共产党机关和国家行政机关（以下简称党政机关）工作需要，推进党政机关公文处理工作科学化、制度化、规范化，制定本条例。

第二条　本条例适用于各级党政机关公文处理工作。

第三条　党政机关公文是党政机关实施领导、履行职能、处理公务的具有特定效力和规范体式的文书，是传达贯彻党和国家的方针政策，公布法规和规章，指导、布置和商洽工作，请示和答复问题，报告和交流情况等的重要工具。

第四条　公文处理工作是指公文拟制、办理、管理等一系列相互关联、衔接有序的工作。

第五条　公文处理工作应当坚持实事求是、准确规范、精简高效、安全保密的原则。

第六条　各级党政机关应当高度重视公文处理工作，加强组织领导，强化队伍建设，设立文秘部门或者由专人负责公文处理工作。

第七条　各级党政机关办公厅（室）主管本机关的公文处理工作，对下级机关的公文处理工作进行业务指导和督促检查。

第二章　公文种类

第八条　公文种类主要有：

（一）决议。适用于会议讨论通过的重大决策事项。

（二）决定。适用于对重要事项做出决策和部署、奖惩有关单位和人员、变更或者撤销下级机关不适当的决定事项。

（三）命令（令）。适用于公布行政法规和规章、宣布施行重大强制性措施、批准授予和晋升衔级、嘉奖有关单位和人员。

（四）公报。适用于公布重要决定或者重大事项。

（五）公告。适用于向国内外宣布重要事项或者法定事项。

（六）通告。适用于在一定范围内公布应当遵守或者周知的事项。

（七）意见。适用于对重要问题提出见解和处理办法。

（八）通知。适用于发布、传达要求下级机关执行和有关单位周知或者执行的事项，批转、转发公文。

（九）通报。适用于表彰先进、批评错误、传达重要精神和告知重要情况。

（十）报告。适用于向上级机关汇报工作，反映情况，回复上级机关的询问。

（十一）请示。适用于向上级机关请求指示、批准事项。

（十二）批复。适用于答复下级机关请示事项。

（十三）议案。适用于各级人民政府按照法律程序向同级人民代表大会或者人民代表大会常务委员会提请审议事项。

（十四）函。适用于不相隶属机关之间商洽工作、询问和答复问题、请求批准和答复审批事项。

（十五）纪要。适用于记载会议主要情况和议定事项。

第三章 公文格式

第九条 公文一般由份号、密级和保密期限、紧急程度、发文机关标志、发文字号、签发人、标题、主送机关、正文、附件说明、发文机关署名、成文日期、印章、附注、附件、抄送机关、印发机关和印发日期、页码等组成。

（一）份号。公文印制份数的顺序号。涉密公文应当标注份号。

（二）密级和保密期限。公文的秘密等级和保密的期限。涉密公文应当根据涉密程度分别标注“绝密”、“机密”、“秘密”和保密期限。

（三）紧急程度。公文送达和办理的时限要求。根据紧急程度，紧急公文应当分别标注“特急”、“加急”，电报应当分别标注“特提”、“特急”、“加急”、“平急”。

（四）发文机关标志。由发文机关全称或者规范化简称加“文件”二字组成，也可以使用发文机关全称或者规范化简称。联合行文时，发文机关标志可以并用联合发文机关名称，也可以单独用主办机关名称。

（五）发文字号。由发文机关代字、年份、发文顺序号组成。联合行文时，使用主办机关的发文字号。

（六）签发人。上行文应当标注签发人姓名。

（七）标题。由发文机关名称、事由和文种组成。

（八）主送机关。公文的主要受理机关，应当使用机关全称、规范化简称或者同类型机关统称。

（九）正文。公文的主体，用来表述公文的内容。

（十）附件说明。公文附件的顺序号和名称。

（十一）发文机关署名。署发文机关全称或者规范化简称。

（十二）成文日期。署会议通过或者发文机关负责人签发的日期。联合行文时，署最后签发机关负责人签发的日期。

（十三）印章。公文中有发文机关署名的，应当加盖发文机关印章，并与署名机关相符。有特定发文机关标志的普发性公文和电报可以不加盖印章。

（十四）附注。公文印发传达范围等需要说明的事项。

（十五）附件。公文正文的说明、补充或者参考资料。

（十六）抄送机关。除主送机关外需要执行或者知晓公文内容的其他机关，应当使用机关全称、规范化简称或者同类型机关统称。

（十七）印发机关和印发日期。公文的送印机关和送印日期。

（十八）页码。公文页数顺序号。

第十条　公文的版式按照《党政机关公文格式》国家标准执行。

第十一条　公文使用的汉字、数字、外文字符、计量单位和标点符号，按照有关国家标准和规定执行。民族自治地方的公文，可以并用汉字和当地通用的少数民族文字。

第十二条　公文用纸幅面采用国际标准A4型。特殊形式的公文用纸幅面，根据实际需要确定。

第四章　行文规则

第十三条　行文应当确有必要，讲求实效，注重针对性和可操作性。

第十四条　行文关系根据隶属关系和职权范围确定。一般不得越级行文，特殊情况需要越级行文的，应当同时抄送被越过的机关。

第十五条　向上级机关行文，应当遵循以下规则：

（一）原则上主送一个上级机关，根据需要同时抄送其他相关上级机关和同级机关，不抄送下级机关。

（二）党委、政府的部门向上级主管部门请示、报告重大事项，应当经本级党委、政府同意或者授权，属于部门职权范围内的事项应直接报送上级主管部门。

（三）下级机关的请示事项，如需以本机关名义向上级机关请示，应当提出倾向性意见后上报。不得原文转报上级机关。

（四）请示应当一文一事，不得在报告等非请示性公文中夹带请示事项。

（五）除上级机关负责人直接交办事项外，不得以本机关名义向上级机关负责人报送公文，也不得以本机关负责人名义向上级机关报送公文。

（六）受双重领导的机关向一个上级机关行文，必要时应当抄送另一个上级机关。

（七）不符合行文规则的上报公文，上级机关的文秘部门可退回下级呈报机关。

第十六条　向下级机关行文，应当遵循以下规则：

（一）主送受理机关，根据需要抄送相关机关。重要行文应当同时抄送发文机关的直接上级机关。

（二）党委、政府的办公厅（室）根据本级党委、政府授权，可以向下级党委、政府行文，其他部门和单位不得向下级党委、政府发布指令性公文或者在公文中向下级党委、政府提出指令性要求。需经政府审批的具体事项，经政府同意可由政府职能部门行文，文中需注明已经政府同意。

（三）党委、政府的部门在各自职权范围内可以向下级党委、政府的相关部门行文。

（四）涉及多个部门职权范围内的事务，部门之间未协商一致的，不得向下行文；擅自行文的，上级机关应当责令其纠正或者撤销。

（五）上级机关向受双重领导的下级机关行文，必要时抄送该下级机关的另一个上级机关。

第十七条　同级党政机关、党政机关与其他同级机关必要时可以联合行文。属于党委、政府各自职权范围内的工作，不得联合行文。党委、政府的部门依据职权可以相互行文。部门内设机构除办公厅（室）外不得对外正式行文。

第五章　公文拟制

第十八条　公文拟制包括公文的起草、审核、签发等程序。

第十九条　公文起草应当做到：

（一）符合国家的法律法规和党的路线方针政策，完整准确体现发文机关意图，并同现行有关公文相衔接。

（二）一切从实际出发，分析问题实事求是，所提政策措施和办法切实可行。

（三）内容简洁，主题突出，观点鲜明，结构严谨，表述准确，文字精练。

（四）文种正确，格式规范。

（五）公文涉及其他部门职权范围事项的，起草单位必须征求相关部门意见，力求达成一致。

（六）深入调查研究，充分进行论证，广泛听取意见。

（七）机关负责人应当主持、指导重要公文起草工作。

第二十条　公文文稿签发前，应当由发文机关办公厅（室）进行审核。审核的重点是：

（一）行文理由是否充分，行文依据是否准确。

（二）内容是否符合国家法律法规和党的路线方针政策；是否完整准确体现发文机关意图；是否同现行有关公文相衔接；所提政策措施和办法是否切实可行。

（三）涉及有关地区或者部门职权范围的事项是否经过充分协商并达成一致意见。

（四）文种是否正确，格式是否规范；人名、地名、时间、数字、段落顺序、引文等是否准确；文字、数字、计量单位和标点符号等用法是否符合规定。

（五）其他内容是否符合公文起草的有关要求。

需要发文机关审议的重要公文文稿，审议前由发文机关办公厅（室）进行初核。

第二十一条　经审核不宜发文的公文文稿，应当退回起草单位并说明理由；符合发文条件但内容需作进一步研究和修改的，由起草单位修改后重新报送。

第二十二条　公文应当经本机关负责人审批签发。重要公文和上行文由机关主要负责人签发。党委、政府的办公厅（室）根据党委、政府授权制发的公文，由受权机关主要负责人签发或者按照有关规定签发。签发人签发公文，应当签署意见、姓名和完整日期；圈阅或者签名的，视为同意。联合行文由所有联署机关的负责人会签。

第六章　公文办理

第二十三条　公文办理包括收文办理、发文办理和整理归档。

第二十四条　收文办理主要程序是：

（一）签收。对收到的公文应当逐件清点，核对无误后签字或者盖章，并注明签收时间。

（二）登记。对公文的主要信息和办理情况应当详细记载。

（三）初审。对收到的公文应当进行初审。初审的重点是：是否应当由本机关办理，是否符合行文规则，文种、格式是否符合要求，涉及其他地区或者部门职权范围的事项是否已经协商、会签；是否符合公文起草的其他要求。经初审不符合规定的公文，应当及时退回来文单位并说明理由。

（四）承办。阅知性公文应当根据公文内容、要求和工作需要确定范围后分送。批办性公文应当提出拟办意见报本机关负责人批示或者转有关部门办理；需要两个以上部门办理的，应当明确主办部门。紧急公文应当明确办理时限。承办部门对交办的公文应当及时办理，有明确办理时限要求的应当在规定时限内办理完毕。

（五）传阅。根据领导批示和工作需要将公文及时送传阅对象阅知或者批示。办理公文传阅应当随时掌握公文去向，不得漏传、误传、延误。

（六）催办。及时了解掌握公文的办理进展情况，督促承办部门按期办结。紧急公文或者重要公文应当由专人负责催办。

（七）答复。公文的办理结果应当及时答复来文单位，并根据需要告知相关单位。

第二十五条　发文办理主要程序是：

（一）复核。已经发文机关负责人签批的公文，印发前应当对公文的审批手续、内容、文种、格式等进行复核；需作实质性修改的，应当报原签批人复审。

（二）登记。对复核后的公文，应当确定发文字号、分送范围和印制份数并详细记载。

（三）印制。公文印制必须确保质量和时效。涉密公文应当在符合保密要求的场所印制。

（四）核发。公文印制完毕，应当对公文的文字、格式和印刷质量进行检查后分发。

第二十六条　涉密公文应当通过机要交通、邮政机要通信、城市机要文件交换站或者收发件机关机要收发人员进行传递，通过密码电报或者符合国家保密规定的计算机信息系统进行传输。

第二十七条　需要归档的公文及有关材料，应当根据有关档案法律法规及机关档案管理规定，及时收集齐全、整理归档。两个以上机关联合办理的公文，原件由主办机关归档，相关机关保存复制件。机关负责人兼任其他机关职务的，在履行所兼职务过程中形成的公文，由其兼职机关归档。

第七章　公文管理

第二十八条　各级党政机关应当建立健全本机关公文管理制度，确保管理严格规范，充分发挥公文效用。

第二十九条　党政机关公文由文秘部门或者专人统一管理。设立党委（党组）的县级以上单位应建立机要保密室和机要阅文室，并按有关保密规定配备工作人员和必要的安全保密设施。

第三十条　公文确定密级前，应当按照拟定的密级先行采取保密措施。确定密级后，应当按照所定密级严格管理。绝密级公文应当由专人管理。公文的密级需要变更或者解除的，由原确定密级的机关或者其上级机关决定。

第三十一条　公文的印发传达范围应当按照发文机关的要求执行；需要变更的，应当经发文机关批准。涉密公文公开发布前应当履行解密程序。公开发布的时间、形式和渠道，由发文机关确定。经批准公开发布的公文，同发文机关正式制发的公文具有同等效力。

第三十二条　复制、汇编机密级、秘密级公文，应当符合有关规定并经本机关负责人批准。绝密级公文一般不得复制、汇编，确有工作需要的，应当经发文机关或者其上级机关批准。复制、汇编的公文视同原件管理。

复制件应当加盖复制机关戳记。翻印件应当注明翻印的机关名称、日期。汇编本的密级按照编入公文的最高密级标注。

第三十三条　公文的撤销和废止，由发文机关、上级机关或者权力机关根据职权范围和有关法律法规决定。公文被撤销的，视为自始无效；公文被废止的，视为自废止之日起失效。

第三十四条　涉密公文应当按照发文机关的要求和有关规定进行清退或者销毁。

第三十五条　不具备归档和保存价值的公文，经批准后可以销毁。销毁涉密公文必须严格按照有关规定履行审批登记手续，确保不丢失、不漏销。个人不得私自销毁、留存涉密公文。

第三十六条　机关合并时，全部公文应当随之合并管理；机关撤销时，需要归档的公文整理后按照有关规定移交档案管理部门。

工作人员调离岗位时，所在机关应当督促其将暂存、借用的公文按照有关规定移交、清退。

第三十七条　新设立的机关应当向党委、政府的办公厅（室）提出发文立户申请。经审查符合条件的，列为发文单位，机关合并或者撤销时，相应进行调整。

第八章　附　则

第三十八条　党政机关公文含电子公文。电子公文处理工作的具体办法另行制定。

第三十九条　法规、规章方面的公文，依照有关规定处理。外事方面的公文，依照外事主管部门的有关规定处理。

第四十条　其他机关和单位的公文处理工作，可以参照本条例执行。

第四十一条　本条例由中共中央办公厅、国务院办公厅负责解释。

第四十二条　本条例自2012年7月1日起施行。1996年5月3日中共中央办公厅印发的《中国共产党机关公文处理条例》和2000年8月24日国务院发布的《国家行政机关公文处理办法》停止执行。

附录B

党政机关公文格式

1. 范围

本标准规定了党政机关公文通用的纸张要求、排版和印制装订要求、公文格式各要素的编排规则，并给出了公文的式样。

本标准适用于各级党政机关制发的公文。其他机关和单位的公文可以参照执行。

使用少数民族文字印制的公文，其用纸、幅面尺寸及版面、印制等要求按照本标准执行，其余可以参照本标准并按照有关规定执行。

2. 规范性引用文件

下列文件对于本标准的应用是必不可少的。凡是注日期的引用文件，仅所注日期的版本适用于本标准。凡是不注日期的引用文件，其最新版本（包括所有的修改单）适用于本标准。

GB/T 148 印刷、书写和绘图纸幅面尺寸

GB 3100 国际单位制及其应用

GB 3101 有关量、单位和符号的一般原则

GB 3102（所有部分） 量和单位

GB/T 15834 标点符号用法

GB/T 15835 出版物上数字用法

3. 术语和定义

下列术语和定义适用于本标准。

3.1 字 word

标示公文中横向距离的长度单位。在本标准中，一字指一个汉字宽度的距离。

3.2 行 line

标示公文中纵向距离的长度单位。在本标准中，一行指一个汉字的高度加3号汉字高度的7/8的距离。

4. 公文用纸主要技术指标

公文用纸一般使用纸张定量为60 g/m^2 ~ 80 g/m^{2}的胶版印刷纸或复印纸。纸张白度80% ~ 90%，横向耐折度≥15次，不透明度≥85%，pH值为7.5 ~ 9.5。

5. 公文用纸幅面尺寸及版面要求

5.1 幅面尺寸

公文用纸采用GB/T 148中规定的A4型纸，其成品幅面尺寸为：210 mm × 297 mm。

5.2 版面

5.2.1 页边与版心尺寸

公文用纸天头（上白边）为37 mm ± 1 mm，公文用纸订口（左白边）为28 mm ± 1 mm，版心尺寸为156 mm × 225 mm。

5.2.2　字体和字号

如无特殊说明，公文格式各要素一般用3号仿宋体字。特定情况可以作适当调整。

5.2.3　行数和字数

一般每面排22行，每行排28个字，并撑满版心。特定情况可以作适当调整。

5.2.4　文字的颜色

如无特殊说明，公文中文字的颜色均为黑色。

6.　印制装订要求

6.1　制版要求

版面干净无底灰，字迹清楚无断划，尺寸标准，版心不斜，误差不超过1 mm。

6.2　印刷要求

双面印刷；页码套正，两面误差不超过2 mm。黑色油墨应当达到色谱所标BL100%，红色油墨应当达到色谱所标Y80%、M80%。印品着墨实、均匀；字面不花、不白、无断划。

6.3　装订要求

公文应当左侧装订，不掉页，两页页码之间误差不超过4 mm，裁切后的成品尺寸允许误差±2 mm，四角呈90°，无毛茬或缺损。

骑马订或平订的公文应当：

① 订位为两钉外订眼距版面上下边缘各70 mm处，允许误差±4 mm；

② 无坏钉、漏钉、重钉，钉脚平伏牢固；

③ 骑马订钉锯均订在折缝线上，平订钉锯与书脊间的距离为3 mm～5 mm。

包本装订公文的封皮（封面、书脊、封底）与书芯应吻合、包紧、包平、不脱落。

7.　公文格式各要素编排规则

7.1　公文格式各要素的划分

本标准将版心内的公文格式各要素划分为版头、主体、版记三部分。公文首页红色分隔线以上的部分称为版头；公文首页红色分隔线（不含）以下、公文末页首条分隔线（不含）以上的部分称为主体；公文末页首条分隔线以下、末条分隔线以上的部分称为版记。

页码位于版心外。

7.2　版头

7.2.1　份号

如需标注份号，一般用6位3号阿拉伯数字，顶格编排在版心左上角第一行。

7.2.2　密级和保密期限

如需标注密级和保密期限，一般用3号黑体字，顶格编排在版心左上角第二行；保密期限中的数字用阿拉伯数字标注。

7.2.3　紧急程度

如需标注紧急程度，一般用3号黑体字，顶格编排在版心左上角；如需同时标注份号、密级和保密期限、紧急程度，按照份号、密级和保密期限、紧急程度的顺序自上而下分行排列。

7.2.4 发文机关标志

由发文机关全称或者规范化简称加“文件”二字组成，也可以使用发文机关全称或者规范化简称。

发文机关标志居中排布，上边缘至版心上边缘为35 mm，推荐使用小标宋体字，颜色为红色，以醒目、美观、庄重为原则。

联合行文时，如需同时标注联署发文机关名称，一般应当将主办机关名称排列在前；如有“文件”二字，应当置于发文机关名称右侧，以联署发文机关名称为准上下居中排布。

7.2.5 发文字号

编排在发文机关标志下空二行位置，居中排布。年份、发文顺序号用阿拉伯数字标注；年份应标全称，用六角括号“〔〕”括入；发文顺序号不加“第”字，不编虚位（即1不编为01），在阿拉伯数字后加“号”字。

上行文的发文字号居左空一字编排，与最后一个签发人姓名处在同一行。

7.2.6 签发人

由“签发人”三字加全角冒号和签发人姓名组成，居右空一字，编排在发文机关标志下空二行位置。“签发人”三字用3号仿宋体字，签发人姓名用3号楷体字。

如有多个签发人，签发人姓名按照发文机关的排列顺序从左到右、自上而下依次均匀编排，一般每行排两个姓名，回行时与上一行第一个签发人姓名对齐。

7.2.7 版头中的分隔线

发文字号之下4 mm处居中印一条与版心等宽的红色分隔线。

7.3 主体

7.3.1 标题

一般用2号小标宋体字，编排于红色分隔线下空二行位置，分一行或多行居中排布；回行时，要做到词意完整，排列对称，长短适宜，间距恰当，标题排列应当使用梯形或菱形。

7.3.2 主送机关

编排于标题下空一行位置，居左顶格，回行时仍顶格，最后一个机关名称后标全角冒号。如主送机关名称过多导致公文首页不能显示正文时，应当将主送机关名称移至版记，标注方法见7.4.2。

7.3.3 正文

公文首页必须显示正文。一般用3号仿宋体字，编排于主送机关名称下一行，每个自然段左空二字，回行顶格。文中结构层次序数依次可以用“一、”“（一）”“1.”“（1）”标注；一般第一层用黑体字、第二层用楷体字、第三层和第四层用仿宋体字标注。

7.3.4 附件说明

如有附件，在正文下空一行左空二字编排“附件”二字，后标全角冒号和附件名称。如有多个附件，使用阿拉伯数字标注附件顺序号（如“附件：1. ×××××”）；附件名称后不加标点符号。附件名称较长需回行时，应当与上一行附件名称的首字对齐。

7.3.5　发文机关署名、成文日期和印章

① 加盖印章的公文

成文日期一般右空四字编排，印章用红色，不得出现空白印章。

单一机关行文时，一般在成文日期之上、以成文日期为准居中编排发文机关署名，印章端正、居中下压发文机关署名和成文日期，使发文机关署名和成文日期居印章中心偏下位置，印章顶端应当上距正文（或附件说明）一行之内。

联合行文时，一般将各发文机关署名按照发文机关顺序整齐排列在相应位置，并将印章一一对应、端正、居中下压发文机关署名，最后一个印章端正、居中下压发文机关署名和成文日期，印章之间排列整齐、互不相交或相切，每排印章两端不得超出版心，首排印章顶端应当上距正文（或附件说明）一行之内。

② 不加盖印章的公文

单一机关行文时，在正文（或附件说明）下空一行右空二字编排发文机关署名，在发文机关署名下一行编排成文日期，首字比发文机关署名首字右移二字，如成文日期长于发文机关署名，应当使成文日期右空二字编排，并相应增加发文机关署名右空字数。

联合行文时，应当先编排主办机关署名，其余发文机关署名依次向下编排。

③ 加盖签发人签名章的公文

单一机关制发的公文加盖签发人签名章时，在正文（或附件说明）下空二行右空四字加盖签发人签名章，签名章左空二字标注签发人职务，以签名章为准上下居中排布。在签发人签名章下空一行右空四字编排成文日期。

联合行文时，应当先编排主办机关签发人职务、签名章，其余机关签发人职务、签名章依次向下编排，与主办机关签发人职务、签名章上下对齐；每行只编排一个机关的签发人职务、签名章；签发人职务应当标注全称。

签名章一般用红色。

④ 成文日期中的数字

用阿拉伯数字将年、月、日标全，年份应标全称，月、日不编虚位（即1不编为01）。

⑤ 特殊情况说明

当公文排版后所剩空白处不能容下印章或签发人签名章、成文日期时，可以采取调整行距、字距的措施解决。

7.3.6　附注

如有附注，居左空二字加圆括号编排在成文日期下一行。

7.3.7　附件

附件应当另面编排，并在版记之前，与公文正文一起装订。“附件”二字及附件顺序号用3号黑体字顶格编排在版心左上角第一行。附件标题居中编排在版心第三行。附件顺序号和附件标题应当与附件说明的表述一致。附件格式要求同正文。

如附件与正文不能一起装订，应当在附件左上角第一行顶格编排公文的发文字号并在其后标注“附件”二字及附件顺序号。

7.4　版记

7.4.1　版记中的分隔线

版记中的分隔线与版心等宽，首条分隔线和末条分隔线用粗线（推荐高度为0.35 mm），中间的分隔线用细线（推荐高度为0.25 mm）。首条分隔线位于版记中第一个要素之上，末条分隔线与公文最后一面的版心下边缘重合。

7.4.2　抄送机关

如有抄送机关，一般用4号仿宋体字，在印发机关和印发日期之上一行、左右各空一字编排。“抄送”二字后加全角冒号和抄送机关名称，回行时与冒号后的首字对齐，最后一个抄送机关名称后标句号。

如需把主送机关移至版记，除将“抄送”二字改为“主送”外，编排方法同抄送机关。既有主送机关又有抄送机关时，应当将主送机关置于抄送机关之上一行，之间不加分隔线。

7.4.3　印发机关和印发日期

印发机关和印发日期一般用4号仿宋体字，编排在末条分隔线之上，印发机关左空一字，印发日期右空一字，用阿拉伯数字将年、月、日标全，年份应标全称，月、日不编虚位（即1不编为01），后加“印发”二字。

版记中如有其他要素，应当将其与印发机关和印发日期用一条细分隔线隔开。

7.5　页码

一般用4号半角宋体阿拉伯数字，编排在公文版心下边缘之下，数字左右各放一条一字线；一字线上距版心下边缘7 mm。单页码居右空一字，双页码居左空一字。公文的版记页前有空白页的，空白页和版记页均不编排页码。公文的附件与正文一起装订时，页码应当连续编排。

8.　公文中的横排表格

A4纸型的表格横排时，页码位置与公文其他页码保持一致，单页码表头在订口一边，双页码表头在切口一边。

9.　公文中计量单位、标点符号和数字的用法

公文中计量单位的用法应当符合GB 3100、GB 3101和GB 3102（所有部分），标点符号的用法应当符合GB/T 15834，数字用法应当符合GB/T 15835。

10.　公文的特定格式

10.1　信函格式

发文机关标志使用发文机关全称或者规范化简称，居中排布，上边缘至上页边为30 mm，推荐使用红色小标宋体字。联合行文时，使用主办机关标志。

发文机关标志下4 mm处印一条红色双线（上粗下细），距下页边20 mm处印一条红色双线（上细下粗），线长均为170 mm，居中排布。

如需标注份号、密级和保密期限、紧急程度，应当顶格居版心左边缘编排在第一条红色双线下，按照份号、密级和保密期限、紧急程度的顺序自上而下分行排列，第一个要素与该线的距离为3号汉字高度的7/8。

发文字号顶格居版心右边缘编排在第一条红色双线下，与该线的距离为3号汉字高度的7/8。

标题居中编排，与其上最后一个要素相距二行。

第二条红色双线上一行如有文字，与该线的距离为3号汉字高度的7/8。

首页不显示页码。

版记不加印发机关和印发日期、分隔线，位于公文最后一面版心内最下方。

10.2　命令（令）格式

发文机关标志由发文机关全称加“命令”或“令”字组成，居中排布，上边缘至版心上边缘为20 mm，推荐使用红色小标宋体字。

发文机关标志下空二行居中编排令号，令号下空二行编排正文。

签发人职务、签名章和成文日期的编排见7.3.5.3。

10.3　纪要格式

纪要标志由“×××××纪要”组成，居中排布，上边缘至版心上边缘为35 mm，推荐使用红色小标宋体字。

标注出席人员名单，一般用3号黑体字，在正文或附件说明下空一行左空二字编排“出席”二字，后标全角冒号，冒号后用3号仿宋体字标注出席人单位、姓名，回行时与冒号后的首字对齐。

标注请假和列席人员名单，除依次另起一行并将“出席”二字改为“请假”或“列席”外，编排方法同出席人员名单。

纪要格式可以根据实际制定。

11.　式样

A4型公文用纸页边及版心尺寸见图B.1；公文首页版式见图B.2；联合行文公文首页版式1见图B.3；联合行文公文首页版式2见图B.4；公文末页版式1见图B.5；公文末页版式2见图B.6；联合行文公文末页版式1见图B.7；联合行文公文末页版式2见图B.8；附件说明页版式见图B.9；带附件公文末页版式见图B.10；信函格式首页版式见图B.11；命令（令）格式首页版式见图B.12。

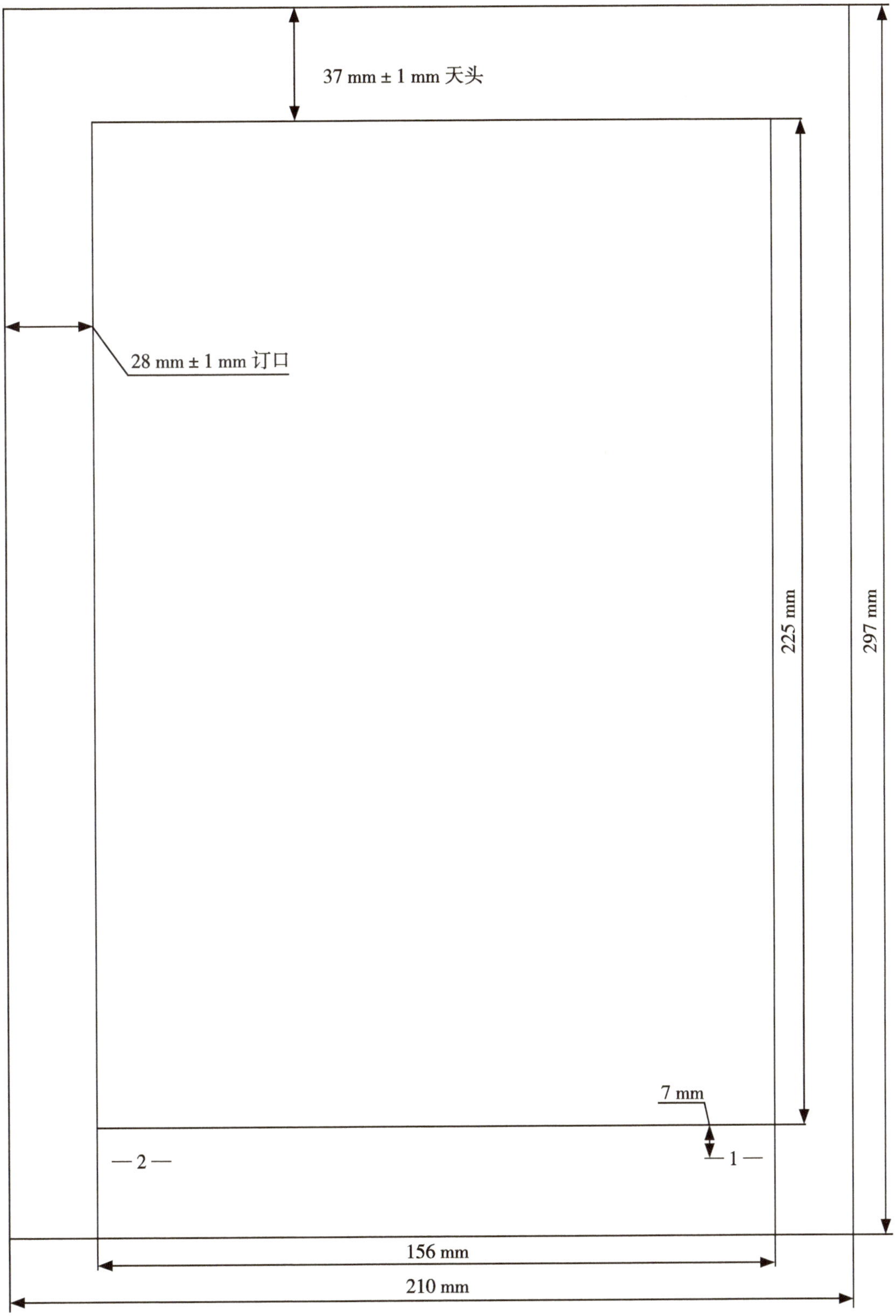

B.1　A4型公文用纸页边及版心尺寸

000001

机密★1年

特急

XXXXX文件

XXX〔2012〕10号

XXXXX关于XXXXXXX的通知

XXXXXXXX：

XXXXXXXXXXXXXXXXXXXXXXXXXX
XXXXXXXXXXXXXXXXXXXXXXXXXXXX
XXXXXXXXXXXXXXXXXXXXXXXXXXXX
XXXX。

XXXXXXXXXXXXXXXXXXXXXXXXXX
XXXXXXXXXXX。

XXXXXXXXXXXX。

XXXXXXX。XXXXXXXXXXXXXXXXXX
XXXXXXXXXXXXXXXXXXXXXXXXXXXX
XXXXXXXXXXXXXXXXXXXXXXXXXXXX

— 1 —

B.2　公文首页版式

注：版心实线框仅为示意，在印制公文时并不印出。

000001

机密★1 年

特急

××××××
×　×　× **文件**
××××××

×××〔2012〕10 号

××××××关于×××××××的通知

×××××××××：

　　×××××××××××××××××××××××××。

　　××××××××××××××××××××××××××
××××××××××××××××××××××××××××
××××××××××××××××××××××××××××
××××。

　　××××××××××××××××××××××××××

— 1 —

B.3　联合行文公文首页版式1

注：版心实线框仅为示意，在印制公文时并不印出。

000001

机 密

特 急

XXXXXX

X X X

XXXXXX

签发人：XXX XXX

XXX〔2012〕10号 XXX

XXXXXX关于XXXXXXX的请示

XXXXXXXX：

XXXXXXXXXXXXXXXXXXXXXXXXXXX
XXXXXXXXXXXXXXXXXXXXXXXXXXXX
XXXXXXXXXXXXXXXXXXXXXXXXXXXX
XXXX。

XXXXXXXXXXXXXXXXXXXXXXXXXXX

— 1 —

B.4 联合行文公文首页版式2

注：版心实线框仅为示意，在印制公文时并不印出。

××××××××××××××。

　　××。

2012年7月1日

（×××××）

抄送：××××××××，××××××，×××××，×××××，×××××。

××××××××××　　2012年7月1日印发

— 2 —

B.5　公文末页版式1

注：版心实线框仅为示意，在印制公文时并不印出。

XXXXXXXXXXXXXXX。

　　XXXXXXXXXXXXXXXXXXXXXXXXXX
XXXXXXXXXXXXXXXXXXXXXXXXXXXX
XXXXXXXX。

XXXXXXXXXXX

2012年7月1日

（XXXXX）

抄送：XXXXXXXX，XXXXXX，XXXXX，XXXXX，
　　　XXXXX。

XXXXXXXXX　　2012年7月1日印发

— 2 —

B.6　公文末页版式2

注：版心实线框仅为示意，在印制公文时并不印出。

××××××××××××××××。

　　××。

2012 年 7 月 1 日

（×××××）

抄送：××××××××，××××××，×××××，×××××，×××××。

×××××××××　　2012 年 7 月 1 日印发

— 2 —

B.7　联合行文公文末页版式1

注：版心实线框仅为示意，在印制公文时并不印出。

XXXXXXXXXXXXXXXX。

　　XXXXXXXXXXXXXXXXXXXXXXXXXXXX
XXXXXXXXXXXXXXXXXXXXXXXXXXXXXX
XXXXXXXXXXX。

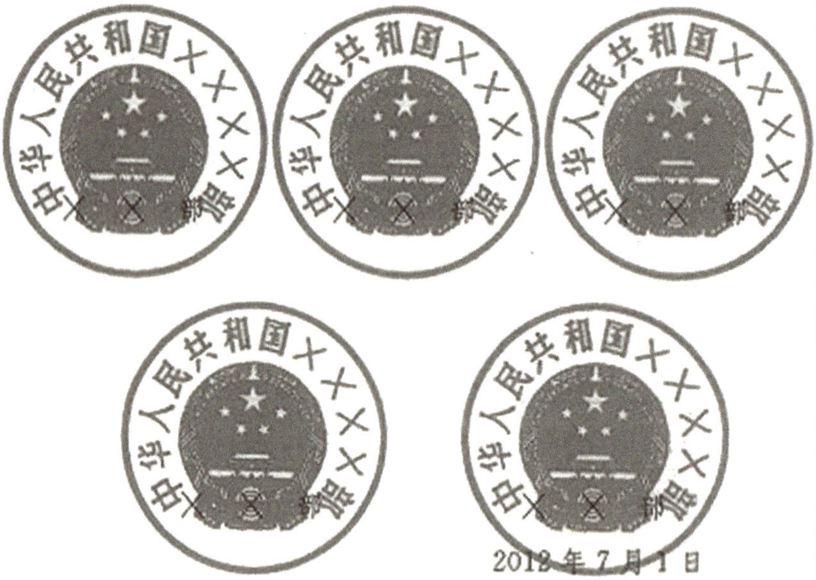

2012年7月1日

（XXXXX）

抄送：XXXXXXXX，XXXXXX，XXXXX，XXXXX，
　　XXXXX。

XXXXXXXXXX　　　　2012年7月1日印发

— 2 —

B.8 联合行文公文末页版式2

注：版心实线框仅为示意，在印制公文时并不印出。

XXXXXXXXXXXXXXX。

XXXXXXXXXXXXXXXXXXXXXXXXXXXXXXXXXXXXXXXXXXXXXXXXXXXXXXXXXXXXXXX。

附件：1. XXXXXXXXXXXXXXXXXXXXXX XXXXX

2. XXXXXXXXXXXXXX

XXXXXXX

X X X X

2012年7月1日

（XXXXX）

— 2 —

B.9 附件说明页版式

注：版心实线框仅为示意，在印制公文时并不印出。

附件 2

XXXXXXXXXXXXX

　　XXXXXXXXXXXXXXXXXXXXXXXXXXX
XXXXXXXXXXXXXXXXXXXXXXXXXXXX
XXX。

　　XXXXXXXXXXXXXXXXXXXXXXXXXXX
XXXXXXXXXXXXXXXXXXXXXXXXXXXX
XXXXXXXXXXXXXXXXXXXXXXXXXXXX
XXXXXXXXXXXXXXXXXXXXXXXXXXXX
XXXXXXXXXXXXXXXXXXXXXXXXXXXX
XXXXXXXXXXXXXXX。

抄送：XXXXXXXX，XXXXXX，XXXXX，XXXXX，
　　　XXXXX。

XXXXXXXXX　　　　2012年7月1日印发

— 4 —

B.10 带附件公文末页版式

注：版心实线框仅为示意，在印制公文时并不印出。

中华人民共和国×××××部

000001　　　　　　　　　　　　　　　　×××〔2012〕10 号

机　密

特　急

×××××关于×××××××的通知

××××××××：

××××××××××××××××××××××××××
××××××××××××××××××××××××××××
××××××××××××××××××××××××××××
×××××××××××××××××××××××××。

××××××××××××××××××××××××××
××××××××××××××××××××××××××××
××××××××××××××××××××××××××××
××××××××××××××××××××××××。

××××××××××××××××××××××××××
××××××××××××××××××××××××××××
××××××××××××××××××××××××××××
××××××××××××××××××××××××××××
××××××××××××××××××××××××××××
××××××××××××××××××××××××××××
×××××××××××××××××××××××××。

B.11　信函格式首页版式

注：版心实线框仅为示意，在印制公文时并不印出。

××××××令

第×××号

　　××××××××××××××××××××××××××
×××××××××××××××××××××××××××。
××××××××××××××××××××××××××××
×××××××××××××××××××××××××。

部　长　×××

2012年7月1日

B.12　命令（令）格式首页版式

注：版心实线框仅为示意，在印制公文时并不印出。

附录C

经济应用文常用词语汇释

A

案卷：分类保存以备查考的文件，如“逐一披览案卷”。

按期：按照规定的日期，如“按期完成任务”。

B

颁布：郑重发布；颁：下发。一般用于发布法令、条例等重要的法规性文件，如“颁布法令”。

颁行：颁布施行，如“此项税法的实施细则颁行已有一年”。

报经：报告上级并经过上级同意或批准，如“已报经国务院批准”。

报请：向上级机关或有关部门报告请求解决，如“已报请财政局批准”。

备案：向主管机关报告事项，以备查考，如“此报告已送总公司备案”。

备查：以备今后检查，如“请存档备查”。

拔冗：客套话，指推开繁忙的事务，抽出时间，如“务请拔冗光临为盼”。

不贷：不予宽恕。贷：饶恕，如“严惩不贷”。

不日：不久，如“不日送达”。

不予：不给予，如“不予办理”。

不虞：意料不到，如“以备不虞”、“不虞之誉”。

布达：陈述告知给对方。布：陈述。常用于书信结束语中，如“专此布达”。

C

参照：参考、仿照，如“请参照办理”。

裁处：考虑决定并加以处理，如“对这一问题，请尽快裁处为宜”。

裁夺：考虑决定，如“请予裁夺”。

查询：查问、了解，如“现将查询结果报告如下”、“请查询”。

查照：请对方注意文件内容，并按文件内容办事，如“即希查照”、“希查照办理”。

呈报：向上级送文，如“特此呈报，请查收”。

呈请：向上级或有关部门送文并请求同意批准，如“呈请批准，不胜感激”。

筹措：设法弄到经费，如“筹措基建资金”。

筹措：筹划商议，如“筹商对策”。

D

鼎力：大力，表示敬辞，如“还望鼎力相助为盼”。
定夺：对事情是否可行做决定，如“计划是否可行，请尽早予以定夺”。
动议：会议中临时提出的建议，如“第一小组提出的动议，值得关注”。

E

额定：规定的数目，如“额定人数100人”。
讹传：错误的传说，如“这种讹传，不可听信”。

F

奉告：告知，表示敬辞，如“无可奉告”。多用于外交辞令。
奉命：接受这个命令或决定，如“奉命执行”。

G

国是：国家大计，如“共商国是”。
过甚：过分、夸大，如“言之过甚”。

H

函达：写信告知，如“专此函达”。
核示：审核批示，如“上述意见，请核示”。
会商：相聚商议，如“会商大计”。
会晤：会面，如“会晤来访客人”。
惠鉴：劳驾审阅，如“××先生惠鉴”。常用于信函称呼中。
惠示：劳驾给我看或让我知道，如“如蒙惠示该文件，则不胜感激”。
惠予：请求给予，如“希惠予配合”。
惠纳：承你照顾接受，如“承蒙惠纳，实为荣幸”。

J

稽迟：拖延不及时，如“稽迟答复，请见谅”。
鉴于：考虑到，如“鉴于王同志一贯表现突出，本公司给予其奖励一千元”。
鉴宥：请求体察原谅，如“客户苦衷，尚祈鉴宥”。
接洽：与人商量有关事宜，如“关于供货事，请与××接洽”。
届时：到时候，如“请届时参加”。

径向：直接向，如“有关情况，请径向监察室反映”。

径与：直接与，如“此事情径与财务处联系”。

K

款待：亲切优厚地招待，如“盛情款待远方来客”。

款洽：亲切融洽，如“双方交谈，十分款洽”。

L

烂账：混乱无法弄清的账目，又指久拖难以收回的账，如“有些企业，因管理不善，烂账很多”。

劳神：耗费精神，有时用作麻烦他人的客套话，如“劳神代为照顾”。

礼遇：尊敬有礼的待遇，如“受到隆重的礼遇”。

M

绵力：微薄的力量，如“愿尽绵力”。

面洽：当面接洽，如“请于明日来本公司面洽”。

N

拟定：起草制定，如“拟定规章制度”。

拟于：打算在，如“拟于下月开工”。

P

偏颇：偏于一面，不公平，如“其说法有失偏额”。

评断：评论判断，如“作出是非评断”。

凭单：取财物或作为凭证的单据，如“保管好三年内的财务凭单”。

破费：花费金钱或时间，如“这次出行，破费不少”。

Q

起讫：开始和终结，如“起讫日期”。

契据：契约、借据、收据等总称。

签发：经主管人审核同意后，签名正式发出文件、证件等，如“签发护照”。

签署：在重要文件上正式签字，如“该合同经双方法人代表签署后生效”。

顷奉：刚接到。多用于下级对上级，如“顷奉上级指示”。

顷接：刚接到，如“顷接来函”。

顷闻：刚听到，如“顷闻贵店开张，特来祝贺”。

Q

热衷：急切想得到，或十分爱好某事，如“热衷名利”、“热衷于教育”。

日前：几天前，如“日前收到来款”、“日前办妥”。

S

商计：商量，如“共同商计”。

商榷：商讨，如“该提法还有待商榷”。

尚望：还希望，如“尚望给予协助”。

恕不：请对方原谅不能做某事，如“恕不招待”、“恕难办理”。

T

台鉴：请您审阅，常用于信首。台：旧时对人的尊称；鉴：审阅、看，如“××先生台鉴”。

探悉：打听后知道，如“从有关方面探悉”。

特此；公文、书信用语，表示为某事在这里通知、奉告等，如“特此通知”、“特此函告”。

特例：特殊的事例，如“作为特例，予以照顾”。

W

为荷：表示感谢。荷：承受别人的恩惠，如“请给予接洽为荷”。

为妥：表示“妥当”的意思，如“请给予照顾为妥”。

为要：表示“必要”的意思，如“须严加管理为要”。

违误：违反命令，耽误公事，如“迅速办理，不得违误”。

维系：维持和联系，不脱离，如“事关大局，维系民心，务必重视”。

委过：将错误、过失推给别人，如“委过于人”、“一味委过”。

委实：实在，如“委实不容易”。

务期：一定要，如“务期有成”、“务期落实”。

务求：一定要求达到，如“务求完成所订指标”。

X

先例：已有的事例，如“有先例可援”、“尚无先例可援”。
先期：在某一日期以前，如“他们已先期抵达”。
鲜见：不常看到，很少见，如“该货物，市场上已鲜见了”。

Y

已悉：已经知道，如“来文已悉”。
业经：已经经过，如“业经批准，不日施行”。
应承：答应，如“我已应承，决不反悔”。
应时：适合当时的，如“应时货品”。
应允：应许，如“应允批准”。
予以：给以，如“予以便利”、“予以表扬”。
预期：预先期待，如“达到预期目的”。
原宥：原谅，如“请求原宥”、“概不原宥”。

Z

展缓：推迟日期，放宽时限，如“展缓交货”、“展缓演出”。
置信：相信，如“难以置信”。
置疑：怀疑，如“不容置疑”。
兹因：现在因为，如“兹因资金调动困难，歉难办妥此事”。
兹有：现在有，如“兹有我处××同志前往贵行联系有关事宜，请接洽”。

参考文献

［1］宋有武，边勋. 应用文写作教程及其实训［M］. 北京：北京交通大学出版社，2007.

［2］杨文丰. 实用经济文书写作［M］. 北京：中国人民大学出版社，2006.

［3］盛明华. 常用经济应用文写作教程［M］. 上海：立信会计出版社，2000.

［4］娄永毅，杨宏敏. 经济应用文写作教程［M］. 上海：立信会计出版社，2004.

［5］娄永毅，杨宏敏. 经济应用文写作教程同步练习［M］. 上海：立信会计出版社，2004.

［6］徐秋儿. 现代应用文写作实训［M］. 杭州：浙江大学出版社，2005.

［7］宋有武，边勋. 应用文写作教程及其实训［M］. 北京：北京交通大学出版社，2007.

［8］孙莉，邱平. 实用应用文写作［M］. 北京：北京交通大学出版社，2006.

［9］张江艳. 应用写作案例与训练［M］. 北京：北京师范大学出版社，2008.

［10］邓云晖，于万里. 财经应用文［M］. 北京：对外经济贸易出版社，2005.

［11］邱宣煌. 财经应用文写作［M］. 大连：东北财经大学出版社，2001.

［12］邱宣煌. 财经应用文写作训练［M］. 大连：东北财经大学出版社，2001.

［13］梅松华. 现代应用文写作［M］. 北京：北京交通大学出版社，2006.

［14］董利民，乐亚山. 应用文写作［M］. 北京：北京大学出版社，2006.

［15］张子泉. 应用文写作教程［M］. 北京：北京交通大学出版社，2006.

［16］曾玉宏，王素娟. 新编应用写作教程［M］. 武汉：武汉理工大学出版社，2006.

［17］张晔，王粤钦. 新编财经应用写作［M］. 大连：大连理工大学出版社，2006.

［18］刘锡庆. 经济应用文书写作［M］. 北京：北京师范大学出版社，2008.

［19］王大江. 新编现代实用文写作实训［M］. 天津：天津大学出版社，2012.

［20］孟庆荣，任小平. 财经应用文写作［M］. 北京：电子工业出版社，2011.

［21］周俊玲. 商务文书写作实务［M］. 北京：机械工业出版社，2012.

［22］陶德胜，宋园园. 应用文写作项目化教程［M］. 上海：上海交通大学出版社，2012.

［23］赵玉柱. 现代通用应用文写作教程［M］. 北京：首都经济贸易大学出版社，2011.

［24］周爱荣. 商务写作与实训［M］. 重庆：重庆大学出版社，2010.

反侵权盗版声明

举报电话：(010)88254396；(010)88258888
传　　真：(010)88254397
E－mail　：dbqq@phei.com.cn
通信地址：北京市万寿路173信箱
　　　　　电子工业出版社总编办公室
邮　　编：100036

尊敬的老师：

您好。

请您认真、完全地填写以下表格的内容（务必填写每一项），索取相关图书的教学资源。

教学资源索取表

书　名				作者名	
姓　名		所在学校			
职　称		职　务		讲授课程	
联系方式	电话：		E-mail：		
地址（含邮编）					
贵校已购本教材的数量（本）					
所需教学资源					
系／院主任姓名					

系／院主任：____________________（签字）

（系／院办公室公章）

20_____年____月____日

注意：

① 本配套教学资源仅向购买了相关教材的学校老师免费提供。

② 请任课老师认真填写以上信息，并**请系／院加盖公章**，然后传真到（010）80115555转718438上索取配套教学资源。也可将加盖公章的文件扫描后，发送到fservice@126.com上索取教学资源。欢迎各位老师扫码关注我们的微信号和公众号，随时与我们进行沟通和互动。

③ 个人购买的读者，请提供含有书名的购书凭证，如发票、网络交易信息，以及购书地点和本人工作单位来索取。

微信号　　公众号

中国工信出版集团

電子工業出版社
PHEI PUBLISHING HOUSE OF ELECTRONICS INDUSTRY